Node.js 하이 퍼포먼스

Node.js 하이 퍼포먼스

성능 분석부터 병목 현상 제거 및 성능 저하 회피까지

디오고 리센데 지음 | 테크 트랜스 그룹 T4 옮김

지은이 소개

디오고 리센데 Diogo Resende

작업하고 있는 모든 것에 완벽을 기하려는 열정적인 개발자다. 각 사물들이 서로 연결될 뿐 아니라 외부 세상과도 연결되는 모든 사물인터넷에 관심이 많다.

컴퓨터공학을 전공했으며, 컴퓨터 네트워킹, 보안, 소프트웨어 개발, 클라우드 컴퓨팅에 대한 지식을 습득했다. 지난 10년 동안 세상의 많은 임베디드 시스템과 개발자를 연결하는 애플리케이션과 서비스를 개발하기 위해 여러 가지 도전을 해왔으며, 과거의 인터넷과 특이한 프로토콜을 지금의 인터넷에 연결할 수 있는 방법을 만들어왔다.

씽크디지털ThinkDigital에서 근무했으며, 지난 몇 년 동안이 자신의 인생에서 매우 중요한 시기였다고 생각한다. 씽크디지털은 컴퓨터 네트워킹과 보안, 자동화, 스마트 미러링, 운송 수단 관리, 인텔리전스 등의 분야에 다양한 서비스를 제공한다. 많은 오픈소스 프로젝트를 수행했고, 이와 관련된 모든 프로젝트를 'dresende'라는 사용자명을 가지는 깃허브GitHub 페이지에서 제공하며, MIT 라이선스를 갖고 있다.

무엇보다도 늦은 밤에 책을 쓰는 일을 이해해준 사랑하는 아내 애나Ana에게 감사하다는 말을 전하고 싶다. 매우 고맙게도, 그녀는 내게 충분한 공간을 보장해줬고 이런 나의 도전을 평화롭게 진행할 수 있도록 지원해줬다. 또한 책을 쓰기 시작한 날에 정확하게 태어난 아들 마뉴엘Manuel에게도 고마움을 전하고 싶다. 그는 비록 내 시선을 종종 빼앗곤 했지만, 내 삶을 더 행복하게 만들며 모든 장애물을 극복하게 해주는 힘을 내게 가져다줬다.

그리고 나를 인내하고 기다려준 회사의 모든 사람들에게도 감사한다. 비즈니스 파트너인 누노^{Nuno}, 동료인 실비아^{Silvia}, 그리고 회사 일을 함께 하며 앞으로 나아갈 수 있게 해주고 꿈을 달성하게 해준 헬더^{Helder}에게도 고맙다는 말을 전하고 싶다.

기술 감수자 소개

아비섹 데이 Abhishek Dey

인도 서뱅갈의 반델에서 태어났으며, 미국 게인스빌의 플로리다 대학교에서 컴퓨터 공학 석사 학위를 받았다. 주 관심사는 컴파일러 설계, 컴퓨터 보안, 네트워크, 데이터 마이닝, 알고리즘 분석, 병렬화다. 열정적인 프로그래머며, 10살 때 이미 C와 자바 프로그래밍을 시작했다. 웹 기술과 시스템 구현에 관심이 많다.

C++, 자바, C#, 자바스크립트, jQuery, AngularJS, HTML5를 사용한 대규모 소프트웨어 개발 분야에서 명성이 높다. 그리고 SML과 같은 함수형 프로그래밍 언어를 사용해 코딩하는 것을 좋아한다. 최근 관심 있는 프로젝트는 https://github.com/deyabhishek에서 볼 수 있다.

MCP^{Microsoft Certified Professional}와 OCJP^{Oracle Certified Java Programmer}, 오라클 인증 프로페셔널 자바 EE 웹 컴포넌트 개발자며, 또한 오라클 인증 프로페셔널 자바 EE 비즈니스 컴포넌트 개발자다. 쉬는 시간에는 음악 감상을 즐기고, 관심 있는 지역에 여행 가는 것을 좋아하며, 캔버스에 그림 그리기를 좋아해 상상력에 많은 색을 입힌다. http://abhishekdey.com에서 더 많은 정보를 찾을 수 있다.

팩트출판사의 『Kali Linux CTF Blueprints』, 『RESTful Web API Design with Node.js』, 『Mastering AngularJS for .NET Developers』, 『AngularJS 반응형 웹앱 개발과 성능 최적화』(에이콘, 2015) 등을 기술 감수했다.

글렌 기넨 Glenn Geenen

게임 및 모바일 개발의 경험을 가진 Node.js 개발자다. GeenenTijd라는 자신의 회사에서 Node.js 컨설턴트가 되기 전에 iOS 컨설턴트로 주로 활동했다.

스테판 레이퍼스 Stefan Lapers

20년 경력의 IT 지원 엔지니어며, 리눅스/유닉스 시스템 엔지니어링과 소프트웨어 개발 분야에서 경험을 쌓았다.

수년 동안 MTV, TMF 등과 같은 유명 고객을 위해 일하면서 호스트 애플리케이션 솔루션을 적용하고 유지 보수하는 데 주력했다. 최근에는 여러 가지 개발 프로젝트에 참가하며 인터넷 서비스를 제공하는 일을 한다.

여가 시간에는 가족과 함께 시간을 보내며 원격 조정 헬리콥터를 날린다.

아라빈드 V.S Aravind V.S

똑똑한 두뇌와 더불어 기술 분야를 향한 뜨거운 정열을 가지고 있다. 15살에 프로그래밍 세계에 뛰어든 이후부터 임베디드 시스템과 컴퓨터 분야에 관심을 뒀던 성공한 기업가이자, 개발자, 기술 컨설턴트다. 15살 때 이미 친척들을 위해 완전한 주식 및 재고 관리 시스템을 개발했다. 케랄라주에서 웹과 모바일 기술을 기반으로 하는 스타트업 회사인 엔티티 비즈니스 파운데이션즈 Entity Business Foundations (https://teamebf.com/)를 공동 설립했으며, 오픈소스 사물인터넷 플랫폼인 ioStash(http://

iostash.com/)를 만들었다. 또한 Node.js와 MongoDB로 작성된 오픈소스 백엔드리스^{backendless} 웹 애플리케이션 프레임워크이자 최적화된 cloud:VAR(http://cloudvar.org/)을 만들었다.

여가 시간에는 외부로 나가 사진을 찍거나 책을 읽거나 블로그(http://aravindvs.com/blog/)에 글을 남긴다. 팩트출판사의 『NodeJS Cookbook』과 『NodeJS Essentials』를 기술 감수했다. 현재는 엔티티 비즈니스 파운데이션즈의 CTO로서 일하고 있다. 필요한 경우 mail@aravindvs.com으로 연락할 수 있다.

이 책의 기술 감수를 끝마치게 도와준 친구들인 하리크리쉬난^{Harikrishnan}, 압둘라 아산^{Abdulla Ahsan}, 무하메드 아나스^{Muhammed Anas}와 부모님께 감사한다. 많은 지원을 해주고 응원해줬으며 믿음을 가져다준 가장 친한 친구 카야 바두^{Kavya Babu}에게 특히 고맙다. 이들이 없었다면, 오늘의 나도 없었을 것이다. 무엇보다도, 적절한 시기에 내게 필요한 모든 것을 주신 전능하신 하나님께 감사드린다.

옮긴이 소개

테크 트랜스 그룹 T4(greg_kim1002@naver.com)

최신 IT 테크놀로지에 대한 리서치를 목적으로 하는 컨설팅 그룹(http://www.funnycomputinglabs.com/)이다. 엔터프라이즈 환경에서 오픈소스를 활용해 프레임워크를 구축하는 데 관심이 많으며, 최근에는 하이브리드 환경에서의 HTML5, MariaDB, 스프링Spring, Node.js, React.js, Underscore.js 등 웹 전반에 걸친 기술과 빅데이터 흐름에 주목하고 있다. 또한 오픈소스 기반 모바일 데이터베이스와 관련해 컨설팅을 수행하며, 자바스크립트를 기반으로 하는 서버 구축에서 많은 경험을 쌓고 있다.

옮긴이의 말

최근 자바스크립트^{JavaScript}를 기반으로 한 여러 가지 새로운 기술이 각광받는 분위기다. 그중 Node.js는 생산성 향상에 기여하며 가장 많은 관심을 받고 있다. 사실 Node.js를 사용하면 간단한 서버는 수 분 내에 만들어낼 수 있다. 하지만 많은 장점을 내세우고 있는 Node.js에도 엄연히 단점이 존재하기 마련이고, 애플리케이션의 규모가 커지면 커질수록 이러한 단점은 쉽게 드러난다.

자바스크립트는 웹 브라우저 내에서 주로 사용하며, 다른 응용프로그램의 내장 객체에도 접근할 수 있는 기능을 가지고 있다. 자바스크립트는 본래 넷스케이프 커뮤니케이션즈 코퍼레이션의 브렌던 아이크^{Brendan Eich}가 처음에는 모카^{Mocha}라는 이름으로, 이후 라이브스크립트^{LiveScript}라는 이름으로 개발했으며, 최종적으로 자바스크립트라는 이름을 갖게 됐다. 웹 페이지 안에서 객체를 자유롭게 조정하고 브라우저의 각종 기능을 이용하기 위해 필수적인 자바스크립트는 웹사이트 개발에서 필수적인 언어로 자리매김했고, 웹사이트에서 많은 기능을 제공하려는 다양한 고객들의 요구를 분석해볼 때 앞으로 자바스크립트의 활용은 가파르게 늘어날 것이다.

이 책의 기반이 되는 Node.js는 이전보다 우리에게 더 많이 친숙해진 플랫폼이다. 물론 여전히 많은 부분에서 업데이트가 이뤄지고 있지만, 기본적인 구조와 동작 원리에 큰 변화가 일어나고 있지는 않다. 이제는 Node.js를 기반으로 애플리케이션을 작성할 때 모든 애플리케이션이 안고 있는 이슈인 '성능 문제'를 고려해야 한다고 생각한다. 물론 모든 개발자들이 성능 문제를 고려하지 않고 애플리케이션을 작성한다고 생각하지는 않지만, Node.js에 대한 장단점을 파악해 효율적인 애플리케이션을 작성하는 것 또한 쉽지 않을 것으로 생각한다.

이 책은 Node.js에 적용되는 다양한 구현 방식과 프로파일링 및 최적화 기법을 기술하면서 최고의 성능을 이끌어낼 수 있는 방법을 제시한다. 우리는 이 책을 통해 많은 개발자들이 효과적으로 Node.js 기반의 애플리케이션을 만들어낼 수 있길 기대한다. 최적화에 익숙하지 않은 독자뿐 아니라 단기간 내에 고성능 앱을 만들려는 개발자에게 이 책을 추천하고 싶다. 번역을 마치기까지 옆에서 서로 의지가 돼준 공동 역자들과 사랑하는 가족, 친구들에게 고마운 마음을 전한다.

차례

들어가며

Node.js와 같은 플랫폼에서 고성능은 사용자 하드웨어의 각 특색을 잘 이용하고, 메모리 관리를 극대화하며, 복잡한 애플리케이션을 잘 설계한 결과다. 행여 애플리케이션이 많은 메모리를 소모하더라도 놀라지 않아야 한다. 대신 메모리 누수가 생기면, 그 문제는 빨리 해결해야 한다. 항상 메모리를 모니터링하고 이슈가 되기 전에 먼저 누수를 막아야 한다.

이 책에서 다루는 내용

1장. 소개 및 컴포지션 이 책의 주제를 간략히 소개하고, 성능 분석과 벤치마킹의 중요성을 강조한다. 애플리케이션은 여러 개의 작은 컴포넌트로 쪼개질 수 있으며, 애플리케이션 내 각 컴포넌트의 복잡도는 개발자가 관리할 수 있는 수준으로 작게 유지돼야 한다. 여기서는 개발 방법론의 중요성을 이해해야 한다. 그리고 분석은 더 쉽게 이뤄질 수 있어야 한다. 애플리케이션의 수명주기상에서 성능이 더 뛰어나거나 새로운 것이 나오면 쉽게 교체할 수 있도록 복잡도를 더 작게 만들어야 한다.

2장. 개발 패턴 성능이 저하되는 것을 피하거나 발견할 수 있도록 도와주는 프로그래밍 패턴을 포함한다. 앞으로 발생 가능한 문제점을 피하고, 간단한 패턴이나 기법들을 선택하는 것이 무엇보다도 중요하다. 이를 명심해, 프로그래밍 언어의 동작 방법과 이벤트 루프의 중요성, 비동기 프로그래밍이 최적으로 동작하는 방법을 이해해야 한다. 또한 프로그래밍 언어에서 가장 중요한 요소인 스트림과 버퍼도 이해해야 할 것이다.

3장. 가비지 컬렉션 가비지 컬렉터[GC, Garbage Collector]의 중요성과 동작에 대해 설명한다.

V8 메모리 관리 방법, 불필요 메모리, 메모리 누수를 이해할 수 있다. 또한 애플리케이션을 프로파일링하는 방법과 개발자가 객체를 제대로 사용하지 않아 발생하는 잘못된 프로그래밍에 의한 메모리 누수를 찾는 방법을 알 수 있다.

4장. CPU 프로파일링 애플리케이션이 호스트를 독차지해 사용할 때가 언제인지와 왜 그런지 이유를 알 수 있으며, 프로세서 프로파일링도 설명한다. 여기서는 프로그래밍 언어의 한계점을 이해하고, 성능 향상과 확장을 위해 애플리케이션을 여러 개의 모듈로 쪼갠 후 각기 다른 호스트에서 동작시키도록 구현하는 방법도 살펴본다.

5장. 데이터와 캐시 애플리케이션 데이터 저장에 대해 설명하고, 그것이 애플리케이션의 성능에 어떠한 영향을 미치는지 살펴본다. 또한 애플리케이션 내부, 디스크, 로컬 서비스, 로컬 네트워크 서비스, 클라이언트 호스트에 저장하는 방법도 살펴본다. 여기서는 각기 다른 타입의 데이터 저장 방법을 알아보고, 어떠한 단점을 가지고 있는지, 가장 최적의 방법을 선택할 때 고려할 사항은 무엇인지 살펴본다. 데이터가 로컬 또는 외부에 저장되는 방법과 그 중요도에 따라 캐싱되는 데이터에 액세스하는 방법을 알 수 있다.

6장. 테스트, 벤치마킹, 분석 애플리케이션을 테스트하고 벤치마킹하는 방법을 살펴본다. 살펴보지 않은 애플리케이션 테스트 구역이 없도록 코드 커버리지를 강화해야 한다. 그리고 벤치마킹과 벤치마킹 분석을 해야 한다. 성능을 향상시키기 위해 애플리케이션의 특정 부분을 분석하고, 벤치마킹을 수행해 어떻게 테스트해야 하는지 이해할 수 있다.

7장. 병목 현상 애플리케이션 외부에서의 제약 사항을 살펴본다. 여기서는 성능 제약이 애플리케이션 프로그래밍에 있는 것이 아니라 외부 요소, 즉 호스트 하드웨어, 네트워크, 클라이언트에 있다는 것을 보여준다. 외적 요소들로 인해 애플리케이션의 내부 또는 외부 동작이 제약받을 수 있음을 알 수 있고, 그 외에 클라이언트 단의 한계도 알 수 있으며, 현재 성능을 향상시키기 위해 아무것도 할 수 없을 때가 있음을 알게 될 것이다.

준비 사항

필요한 소프트웨어는 오직 Node.js뿐이다. 일부 모듈은 컴파일해야 하며, 리눅스 또는 OS X 운영체제는 예제를 테스트하고자 할 때 필요하다. 특정 하드웨어는 필요하지 않다.

이 책의 대상 독자

이 책은 기본 Node.js에 대한 배경지식을 가진 사람과 Node.js 플랫폼에 대해 더 많이 이해하고자 하는 사람들에게 알맞다. 이미 프로그래밍 언어에 대해서는 편하고 익숙할 것이며 가비지 컬렉터에 대해서도 알고 있겠지만, 언어나 가비지 컬렉터가 어떻게 동작하는지, 그리고 사용하고 있는 언어와 관련해 동작이 실패하는 경우 어떻게 처리되는지는 알지 못할 수 있다. 기본 프로그래밍에 대한 이해와 많은 경험이 필요하다.

이 책의 편집 규약

이 책에서는 독자의 이해를 돕고자 다루는 정보에 따라 글꼴 스타일을 다르게 적용했다. 이러한 스타일의 예와 의미는 다음과 같다.

텍스트에서 코드 단어는 다음과 같이 표기한다.

"include 디렉티브를 사용해 다른 컨텍스트를 포함할 수 있다."

코드 블록은 다음과 같이 표기한다.

```
async.each(users, function (user, next) {
  // 각 사용자 객체에 대해 필요한 동작을 수행
  return next();
}, function (err) {
  // 완료!
});
```

명령어 입력과 출력은 다음과 같이 표기한다.

```
$ node --debug leaky.js
Debugger listening on port 5858
mem. nodes: 37293
mem. nodes: 37645
mem. nodes: 37951
mem. nodes: 37991
mem. nodes: 38004
```

새로운 용어나 중요한 단어도 굵게 표시했다. 메뉴나 다이얼로그 박스와 같이 스크린에서 볼 수 있는 단어들은 다음과 같은 텍스트 형태로 나타난다.

"이제 Take Snapshot을 선택하는 대신에 Load 버튼을 클릭한 후, 디스크 내 스냅샷을 선택한다."

 경고나 중요한 노트는 이와 같이 나타낸다.

 팁과 요령은 이와 같이 나타낸다.

독자 의견

독자로부터의 피드백은 항상 환영이다. 이 책에 대해 무엇이 좋았는지 또는 좋지 않았는지 소감을 알려주기 바란다. 독자 피드백은 독자에게 필요한 주제를 개발하는 데 매우 중요하다. 일반적인 피드백을 우리에게 보낼 때는 간단하게 feedback@packtpub.com으로 이메일을 보내면 되고, 메시지의 제목에 책 이름을 적으면 된다.

여러분이 전문 지식을 가진 주제가 있고, 책을 내거나 책을 만드는 데 기여하고 싶다면 www.packtpub.com/authors에서 저자 가이드를 참조하기 바란다.

고객 지원

이 책을 구입한 독자라면 다음과 같은 지원을 받을 수 있다.

예제 코드 다운로드

이 책에 사용된 예제 코드는 http://www.packtpub.com의 계정을 통해 다운로드할 수 있다. 다른 곳에서 구매한 경우에는 http://www.packtpub.com/support를 방문해 등록하면 파일을 이메일로 직접 받을 수 있다. 또한 에이콘출판사의 도서정보 페이지인 http://www.acornpub.co.kr/book/nodejs-hp에서도 예제 코드를 다운로드할 수 있다.

이 책에서 사용된 컬러 이미지 다운로드

이 책에서 사용된 스크린샷/다이어그램의 컬러 이미지를 PDF 파일로 제공한다. 컬러 이미지는 출력 결과의 변화를 이해하는 데 큰 도움이 될 것이다. 에이콘출판사의 도서정보 페이지인 http://www.acornpub.co.kr/book/nodejs-hp에서 컬러 이미지를 다운로드할 수 있다.

정오표

내용을 정확하게 전달하기 위해 최선을 다했지만, 실수가 있을 수 있다. 팩트출판사의 도서에서 문장이든 코드든 간에 문제를 발견해서 알려준다면 매우 감사하게 생각할 것이다. 그런 참여를 통해 그 밖의 독자에게 도움을 주고, 다음 버전의 도서를 더 완성도 높게 만들 수 있다. 오탈자를 발견한다면 http://www.packtpub.com/submit-errata를 방문해 책을 선택하고, 구체적인 내용을 입력해주길 바란다. 보내준 오류 내용이 확인되면 웹사이트에 그 내용이 올라가거나 해당 서적의 정오표 부분에 그 내용이 추가될 것이다. http://www.packtpub.com/support에서 해당 도서명을 선택하면 기존 정오표를 확인할 수 있다. 한국어판은 에이콘출판사 도서정보 페이지 http://www.acornpub.co.kr/book/nodejs-hp에서 찾아볼 수 있다.

저작권 침해

인터넷에서의 저작권 침해는 모든 매체에서 벌어지고 있는 심각한 문제다. 팩트출판사에서는 저작권과 사용권 문제를 아주 심각하게 인식한다. 어떤 형태로든 팩트출판사 서적의 불법 복제물을 인터넷에서 발견한다면 적절한 조치를 취할 수 있도록 해당 주소나 사이트명을 알려주길 부탁한다.

의심되는 불법 복제물의 링크는 copyright@packtpub.com으로 보내주길 바란다. 저자와 더 좋은 책을 위한 팩트출판사의 노력을 배려하는 마음에 깊은 감사의 뜻을 전한다.

질문

이 책과 관련해 질문이 있다면 questions@packtpub.com으로 문의하길 바란다. 최선을 다해 질문에 답하겠다. 한국어판에 관한 질문은 이 책의 옮긴이나 에이콘출판사 편집 팀(editor@acornpub.co.kr)으로 문의해주길 바란다.

1
소개 및 컴포지션

성능을 높이는 일은 많은 요소들과 연결돼 있기 때문에 매우 어렵다. 모든 개발자들의 한결같은 목표는 최고의 성능을 내는 것이다. 이 목표를 위해 개발자들은 사용하는 언어에 대해 잘 이해해야 하고, 특히 해당 언어가 무거운 작업들을 디스크, 메모리, 네트워크, 프로세서에서 어떻게 처리하는지 잘 알아야 한다.

개발자들이 사용하고 있는 언어의 단점을 알고 있을 때, 해당 언어로 최선의 성과를 만들어낼 수 있다. 이상적으로는 모든 작업이 다르기 때문에 개발자들은 작업에 맞는 최적의 도구를 찾아 사용해야 한다. 하지만 이렇게 작업하는 것은 불가능하고, 모든 최적의 툴을 개발자가 알 수도 없으므로 때로는 대안을 찾아야 한다. 개발자가 잘 알고 있는 몇 가지 유용한 툴만 제대로 활용하는 것도 하나의 대안이 될 수 있다.

다음과 같이 비유해보자. 어떤 도구는 망치로 못을 박거나 물건을 부수고, 혹은 대장간에서 철을 연마하는 데에는 사용할 수 있으나 나사못을 조이는 데에는 사용할 수 없다. 이런 비유를 언어나 플랫폼에 적용할 수 있다. 대부분의 작업에서는 최적이지만 일부 작업에서는 좋지 않은 플랫폼들도 있다. 때로는 이러한 성능 저하를 최적화할 수도 있지만, 다른 도구를 찾는 것 외에는 개선의 여지가 없는 경우도 있다.

Node.js는 언어가 아니라 구글의 오픈소스 자바스크립트 엔진인 V8 위에서 빌드된 플랫폼이다. V8 엔진은 단순하고 유연한 언어인 ECMA스크립트 규격으로 작성됐다. '단순한'이라고 표현했는데, 이 규격의 경우 네트워크나 디스크에 접속할 방법이 없고, 다른 프로세스와 통신할 수 있는 방법도 없기 때문이다. 심지어 종료 인스트럭션조차 없어서 실행을 멈출 수도 없다. 그래서 이 언어는 유용한 몇 가지 인터페이스 모델을 필요로 한다. Node.js는 libuv를 사용한 블로킹하지 않는 I/O 모델을 통해 이를 제공한다. 이 I/O 모델의 API를 사용해 파일시스템에 접근하고 네트워크 서비스에 연결하거나 자식 프로세스를 실행할 수 있다.

이 API에는 버퍼와 스트림이라는 중요한 요소가 있다. 자바스크립트 문자열은 유니코드unicode에 친화적이므로 이진 데이터 처리에 도움을 주기 위해 버퍼를 사용한다. 스트림은 데이터 전달을 위한 간단한 이벤트 인터페이스로 사용된다. 따라서 버퍼와 스트림은 모든 API에서 파일 내용을 읽어오거나 네트워크 패킷을 받는 데 사용된다.

스트림은 네트워크 모듈과 유사한 모듈이다. 이 모듈을 로드하면, 읽기 가능readable, 쓰기 가능writable, 듀플렉스duplex, 트랜스폼transform 스트림을 생성할 수 있는 기본 클래스에 접근할 수 있다. 이 스트림을 사용하면 간소화되고 통합된 형태의 데이터 처리를 수행할 수 있다.

버퍼 모듈은 이진 데이터 형식을 JSON 같은 다른 형식으로 전환할 때 유용하다. 다중 읽기/쓰기 메소드는 부호 및 엔디안에 상관없이 정수형과 실수형을 8비트에서 8바이트까지 전환할 수 있다.

이 플랫폼의 대부분은 간단하며, 작고 안정적으로 설계돼 있다. 그래서 고성능 애플리케이션을 작성하는 데 적합하다.

성능 분석

성능이란 정해진 기간과 리소스에서 수행이 완료되는 일의 양을 의미한다. 성능을 분석하기 위해 여러 가지 측정 기준(메트릭)을 사용할 수 있고, 이는 성능 목표에 따라 달라진다. 목표에는 빠른 반응 속도, 낮은 메모리 사용량, 낮은 프로세서 사용량, 소모 전력 절감 등이 있다.

성능 분석은 프로파일링이라고도 한다. 최적화된 애플리케이션을 만들기 위해 프로파일링은 매우 중요하며, 애플리케이션의 인스턴스와 소스 코드에 성능 분석 코드를 삽입해 수행한다. 애플리케이션 인스턴스에 코드를 추가해 다른 환경에서 시험하기도 하는데, 이러한 형태의 측정 방식을 벤치마킹이라 한다.

Node.js는 빠른 속도로 정평이 나 있다. 사실 알려진 만큼 빠르다기보다는, 허용된 리소스만큼 빠르게 동작한다고 할 수 있다. 하지만 Node.js가 우수한 점은 I/O 작업에 의해 애플리케이션이 블로킹되지 않는다는 것이다. Node.js 애플리케이션 성능에 관한 인식에는 오해의 소지가 있을 수 있다. 다른 언어에서는 디스크 작업으로 애플리케이션 작업이 블록된 경우 다른 모든 작업들이 영향을 받을 수 있다. 하지만 일반적으로 Node.js에서는 블로킹이 잘 발생하지 않는다.

이 플랫폼이 단일 스레드로 돼 있다고 생각하는 사람들도 있지만, 사실은 그렇지 않다. 여러분의 코드도 스레드에서 실행되지만, 여기에는 I/O 작업을 위한 다른 스레드들도 함께 실행되고 있다. 이러한 작업들이 프로세서의 성능에 비해 엄청나게 느리기 때문에, 다른 스레드로 분리돼 애플리케이션에 전달할 내용이 있을 때는 플랫폼에 신호를 준다. 블로킹 I/O를 사용하는 애플리케이션은 성능이 좋지 않다. 하지만 의도하지 않는 한, Node.js는 I/O로 인해 블로킹되지 않으므로 I/O를 기다리는 동안에도 다른 작업들이 수행되고, 이로 인해 성능이 개선될 수 있다.

V8은 구글 오픈소스 프로젝트로, Node.js의 뒤에서 동작하는 자바스크립트 엔진이다. 이 엔진은 자바스크립트를 컴파일하고 실행하는 역할도 수행하지만, 애플리케이션에서 필요로 하는 메모리를 관리하는 역할도 하고 있다. V8 엔진 또한 성능을 고려해 언어 자체의 성능을 개선하기 위해 몇 가지 설계 원칙을 따른다. 엔진에

는 프로파일러와 성능에 중요한 역할을 하는 최고의 가비지 컬렉터가 있다. 또한 이 가비지 컬렉터는 바이트 코드로 컴파일되지 않고, 최초 실행 시에 머신 코드로 바로 컴파일된다.

좋은 개발 환경은 고성능 애플리케이션을 성공적으로 개발하는 데 많은 도움을 준다. 작업을 역참조하는 방식을 이해하거나 변수의 타입을 전환하는 것을 꺼리는 이유를 아는 것도 중요한 요소다. 여기에는 참고하면 좋을 만한 정보들이 더 있다. JSCS 같은 스타일 가이드를 활용할 수 있고, 이러한 스타일을 여러분과 팀원들에게 적용시킬 수 있는 JSHint 같은 린터[linter]를 사용할 수도 있다. 다음의 예를 참고하자.

- 최적화되기 쉽도록 가능한 한 함수를 작게 작성한다.
- 단일 형태의 파라미터나 변수를 사용한다.
- 정수 인덱스 엘리먼트가 빠르기 때문에 데이터를 조작하는 데 배열을 사용한다.
- 작은 객체를 유지하고 긴 프로토타입 체인은 피한다.
- 큰 객체에서 작업이 느려질 수 있는 객체 복제는 피한다.

모니터링

애플리케이션이 상품화 단계로 들어가면, 성능에 대한 사용자의 요구가 더 강해지기 때문에 성능 분석이 더 중요해진다. 사용자는 1초 이상 기다려주지 않으므로, 매 시간마다 각 작업을 수행할 때 애플리케이션의 동작을 모니터링하는 것이 매우 중요하다. 이러한 모니터링을 통해 플랫폼이 동작을 멈추거나 다음에 동작을 멈출 위치를 알 수 있기 때문이다.

당연히, 애플리케이션이 동작을 멈출 때도 있으므로 이를 준비하는 것이 최선의 방법이다. 이를 위해 백업 계획을 만들거나 하드웨어에 대한 대비책을 준비하고, 서비스 상태를 탐지하는 방법을 구상할 수도 있다. 무엇보다, 가능한 모든 상황에 대해 예측했지만 여전히 애플리케이션이 멈출 수 있다는 점을 잊지 말아야 한다. 다음은 모니터링이 필요한 상황들의 예다.

- 상품화 단계에서, 애플리케이션이 데이터 크기나 메모리 사용량 측면에서 어떻게 될지 이해하는 데 애플리케이션의 사용량은 매우 중요하다. 성능에 대한 측정 기준(메트릭)과 오류율, 그리고 요청당 예외 발생 비율 등을 추적하기 위한 코드를 정의하는 일은 신중하게 이뤄져야 한다. 애플리케이션이 오류를 일으키고 예외 상황을 발생시키는 것은 당연한 일이며, 이를 무시하고 넘어가서는 안 된다.

- 기반 구조에 대해서도 관심을 가져야 한다. 애플리케이션이 높은 수준으로 동작해야 한다면, 기반 구조 역시 마찬가지 수준이 돼야 한다. 전원 공급의 불안정은 하드웨어의 성능 저하를 가속화하므로, 서버의 전원 공급은 끊김 없이 안정적이어야 한다.

- 빠른 디스크는 일반적으로 비싸고 저장 공간이 작으므로, 디스크를 현명하게 선택해야 한다. 하지만 애플리케이션이 많은 저장 공간을 필요로 하지 않는다면, 속도를 중요하게 생각해서 선택하는 것이 좋다. 하지만 비용 대비 저장 용량만을 고려할 필요는 없다. 때로는 비용 대비 처리 용량을 중요하게 생각해야 한다.

- 또한 서버실과 서버 자체의 온도를 모니터링해야 한다. 높은 온도는 장비의 성능을 저하시킨다. 그리고 하드웨어에도 각각 동작 가능한 온도가 있다. 또한 물리적 보안과 가상의 보안도 매우 중요하다. 사용자 서비스를 중단한 애플리케이션은 더 이상 동작한다고 볼 수 없기 때문에 고성능에 대한 모든 기준을 맞추기 위해 매우 중요하다.

고성능 확보

최대한의 결과를 얻기 위해 가장 중요한 것은 계획을 잘 세우는 것이다. 고성능은 밑바닥에서부터 만들어지며, 개발 계획에서부터 시작된다. 작업을 수행할 수 있는 충분한 메모리가 없으면 안 되는 것처럼, 고성능을 위해서는 물리적인 자원도 필요하고, 애플리케이션을 개발하기 위한 계획을 잘 세우는 것도 매우 중요하다. 또한 단순히 도구를 사용하는 것보다는 도구 사용법을 숙달하는 것이 더 좋은 성능을 얻는 데 도움이 된다.

개발 초기 단계에서 목표를 높게 잡으면, 계획 수립이 더 신중해져야 한다. 데이터베이스 단계에서 계획을 잘못 세워서 전체 성능이 떨어질 수 있으며, 신중한 계획을 수립해 개발자들이 유스케이스를 고려한 프로그래밍을 할 수 있도록 유도할 수 있다.

새로운 리소스 세트(프로세서, 메모리, 스토리지)를 고려해 고성능을 얻을 수 있다. 고성능을 얻는 과정에서 리소스가 단지 하나만 소진되는 것이 아니라 가지고 있는 모든 리소스를 소진하기 때문이다. 프로세서 사용량이 적지만 디스크를 전부 사용하는 경우에는 고성능 애플리케이션을 위해 추가적인 서버는 필요하지 않고 대신 더 큰 용량의 디스크가 필요하다.

사용자 수의 증가는 분산 아키텍처의 필요성을 높이거나, 최소한 다수의 인스턴스를 통해 부하를 분산시킬 것을 요구한다. 이러한 결정은 개발 초기에 이뤄지는 것이 매우 중요하다. 애플리케이션 개발이 시작되고 나면 변경하기가 매우 어려워지기 때문이다.

대부분의 애플리케이션은 지금 당장은 괜찮더라도 시간이 지날수록 그 성능(처리 능력)이 떨어진다. 이는 데이터베이스와 디스크의 데이터 크기가 증가하기 때문이다. 시스템이 정지되는 것을 막기 위해 메모리를 늘리거나 대비용 디스크를 준비하는 것이 중요하다는 점을 염두에 둬야 한다. 또한 애플리케이션의 수평적 확장이 가능하도록 해서 서버나 지역 간에 데이터를 공유할 수 있도록 하는 것도 중요하다.

분산 처리 아키텍처로 성능을 개선할 수도 있다. 지리적으로 분산된 서버들은 클라이언트로부터 더 가까운 곳에서 동작해 더 좋은 성능을 제공할 수 있다. 다수의 서버로 분산 처리된 데이터베이스는 전체적으로 더 많은 트래픽을 처리할 수 있고 데브옵스DevOps에서 중단 시간을 없애려는 목표를 달성할 수 있게 해준다. 또한 애플리케이션에 영향을 주지 않고 점검을 위해 특정 노드를 정지시킬 수 있기 때문에 유지 보수에도 유리하다.

테스트와 벤치마킹

애플리케이션이 특정 환경에서 정상적으로 동작하는지 확인하려면 테스트가 필요한데, 이런 종류의 테스트를 벤치마킹이라고도 한다. 벤치마킹의 수행은 매우 중요하고, 애플리케이션별로 다양한 방식으로 이뤄진다. 동일한 플랫폼에 동일한 언어로 작성돼도, 다른 애플리케이션에서는 또 다른 방식으로 수행된다. 왜냐하면 애플리케이션 구조가 각각 다르고, 데이터베이스 설계도 다를 수 있기 때문이다.

성능을 분석하면 애플리케이션의 병목 구간을 탐지할 수 있다. 병목 구간은 개선을 필요로 하며, 지속적인 개선으로 애플리케이션의 전반적인 성능을 개선할 수 있다.

이를 위한 다양한 툴들이 있는데, 몇몇 툴들은 자바스크립트 애플리케이션에 특화돼 있다. 예를 들면 benchmarkjs(http://benchmarkjs.com/), ben(https://github.com/substack/node-ben)이 대표적이다. 그리고 일반적인 툴로는 ab(http://httpd.apache.org/docs/2.2/programs/ab.html), httpload(https://github.com/perusio/httpload)가 있다. 목적에 따른 다양한 유형의 벤치마킹에 대한 설명은 다음과 같다.

- 부하 테스트는 가장 단순한 형태의 벤치마킹이다. 이 테스트로 특정 부하에서 애플리케이션의 성능이 어느 정도인지 확인할 수 있다. 또는 애플리케이션에서 1초에 받아들일 수 있는 연결의 수나 애플리케이션이 처리할 수 있는 트래픽의 바이트 수를 확인할 수 있다. 애플리케이션에 거는 부하는 트래픽과 같은 외부 성능이나 프로세서 및 메모리 사용량 같은 내부 성능으로 확인할 수 있다.

- 유지Soak 테스트는 애플리케이션의 성능이 유지되는 시간을 확인하기 위해 수행된다. 이 테스트는 시간이 지나면서 성능이 저하되는 애플리케이션의 반응성을 분석할 때 필요하다. 이러한 유형의 테스트는 시간이 지나면서 메모리 누수에 따른 성능 저하가 발생하는 애플리케이션의 메모리 누수를 확인하는 데 유용하게 사용된다.

- 스파이크 테스트는 부하가 갑자기 증가하는 상황에서 애플리케이션의 반응과 성능을 확인하기 위해 수행된다. 이 테스트는 갑작스런 사용량 증가가 있는 애플리케이션에서는 매우 중요하며, 애플리케이션의 반응성을 확인해야 하는 운영자에게 매우 유용하다. 이러한 애플리케이션 환경에 대한 좋은 예로, 전 세계

적인 종교 이벤트나 스포츠 이벤트를 맞이해 사용량이 급증하는 트위터가 있다. 그리고 이러한 사용량을 기반 구조에서 어떻게 처리하는지도 잘 알아야 한다.

앞서 말한 모든 종류의 테스트들은 애플리케이션의 규모가 커질수록 더 수행하기 어렵다. 사용자 수가 증가함에 따라 애플리케이션의 규모가 커져서, 가지고 있는 리소스로 더 이상 부하 테스트를 진행하지 못할 수도 있다. 이런 상황에 대비하는 것은 매우 좋다. 특히 퍼포먼스를 모니터링할 수 있도록 준비돼 있는 것이 중요하고, 애플리케이션 사용자들이 지속적인 부하의 원인이 되기 시작하므로 스파이크와 누수 상태를 계속해서 추적해야 한다.

애플리케이션 컴포지션

애플리케이션의 성능을 어느 정도 보장해줄 것을 요구하는 목소리가 이어지고 있기 때문에 컴포지션composition의 중요성이 강조되고 있다. 컴포지션은 애플리케이션의 유지 보수, 개발, 이해가 용이하게 애플리케이션을 작은 단위로 나누는 방식을 말한다. 물론 이를 통해 테스트나 성능을 더 용이하게 개선할 수도 있다.

가능한 한 크고 단일화된 코드를 생성하는 것은 조심해야 한다(삼간다). 이러한 코드는 수정해야 할 때 불편하고, 성능 개선을 위해 수정해야 할 코드를 찾는 분석이나 테스트를 수행할 때에도 불편할 수 있다.

하지만 Node.js 플랫폼은 코드를 구성하는 데 도움을 줄 수 있다. 특히 NPM^Node.js Package Manager 은 서비스 배포용으로 최적의 모듈이다. 이 모듈을 통해 다른 사람의 모듈을 다운로드할 수도 있고, 자신만의 모듈을 배포할 수도 있다. 이미 수만 가지의 모듈이 배포돼 있으므로 대부분의 경우 완전하게 새로운 것을 구현해야 할 필요는 없다. 이미 많은 사람들이 사용하고 있어 버그 추적 및 개선이 지속적으로 이뤄지고 있는 모듈을 사용하는 것은 다시 같은 모듈을 만드는 데 시간을 들이는 것보다 훨씬 효율적이다.

Node.js 플랫폼은 코드를 쉽게 나눌 수 있게 해준다. 물론 이러한 것을 플랫폼에서 강제하고 있는 것은 아니지만, 이어지는 예제를 따라 하면 많은 도움이 될 것이다.

NPM 사용

작성이 필요하지 않은 코드는 재작성하지 말아야 한다. 또한 사용 가능한 모듈들을 시험해보고 가장 적합한 것을 골라서 적용해야 한다. 이것으로 오류가 있는 코드를 작성할 가능성을 줄이고, 더 많은 사용자를 수용할 수 있는 모듈로 배포할 수 있다. 그리고 각기 다른 환경에서 사용하는 많은 사람들을 통해 조기에 버그가 발견되고 수정될 수 있다. 다시 말해 회복성이 더 좋은 모듈을 사용할 수 있다.

재사용 모듈을 사용하기 시작하면서 중요하지만 주목받지 못하는 작업이 있는데, 변경 내역을 추적하는 것이다. 가능하다면, 항상 최신의 가장 안정적인 버전을 사용해야 한다. 만약 의존성이 있는 모듈을 1년 이상 업데이트 없이 방치했다면, 문제가 발생했을 때 업데이트하지 않은 기간 동안 변경된 내용을 확인하는 데 애를 먹을 것이다. Node.js 모듈은 시간이 지날수록 성능은 개선되지만 API는 잘 변경되지 않는다. 하지만 업그레이드는 항상 신중하게 하고, 테스트하는 것을 잊지 말자.

코드 나누기

다시 한 번 강조하지만, 코드는 항상 작은 단위로 나눠야 한다. Node.js는 이에 대한 쉬운 방법을 제공한다. 5KB보다 큰 파일은 나누기를 고려해야 한다. 또한 사용자 정의 객체는 분할된 파일 하나로 생성하는 것도 좋은 규칙이 된다. 이에 맞춰 파일명을 정해준다.

```
// MyObject.js
module.exports = MyObject;

function MyObject() {
  // …
}
MyObject.prototype.myMethod = function () { … };
```

또 다른 좋은 규칙은 필요 이상으로 큰 파일이 있는지 확인하는 것이다. 적당한 크기는 애플리케이션에 생소한 사람이 봐도 5분 이내에 이해할 수 있는 정도여야 한다. 그렇지 않으면, 나중에 버그를 추적하기 어렵거나 고치기 힘들 정도로 지나치게 복잡해진다.

 애플리케이션이 커지면, 나중에 우리가 수정하기 위해 파일을 열었을 때 새로운 개발자나 다름없는 상태가 된다는 것을 잊지 말자. 애플리케이션의 모든 코드를 암기하는 것은 절대로 불가능하므로 최대한 빨리 파일을 보고 내부 동작을 이해할 수 있어야 한다.

비동기 작업 수용

플랫폼이 비동기적으로 설계됐기 때문에 이를 거스르려고 해서는 안 된다. 때때로, 재귀적인 작업을 생성하거나 단순히 순차적으로 실행돼야 하는 작업 목록들을 순환하는 구조를 만들 때 어려움을 느낄 수 있다. 이미 수십만 명의 사람들이 사용하며 테스트하고 있는 모듈들이 있으므로, 직접 비동기 작업을 처리하기 위한 모듈을 생성할 필요는 없다. 예를 들면, async를 사용하면 개발자들은 간단하고 실용성 있게 성능을 높일 수 있을 뿐 아니라 사용법도 쉽게 익힐 수 있다.

```
async.each(users, function (user, next) {
  // 각 사용자 객체에 대한 일을 수행
  return next();
}, function (err) {
// 완료!
});
```

이 모듈에는 map, reduce, filter, each 같은 배열 객체에서 비동기적으로 반복해 내용을 찾는 것을 수행하는 여러 가지 메소드들이 있다. 이 모듈은 사용자의 동작이 연속적인 작업을 수행해 애플리케이션의 복잡도가 증가하는 경우 매우 유용하다. 그리고 정상적으로 오류가 처리돼 의도대로 실행이 멈추게 된다. 이 모듈은 순차 및 병렬 작업을 수행하는 데 모두 용이하다.

또한 개발자들이 중첩된 함수 호출을 하게 만들어 콜백 지옥에 빠지게 되는 순차적 작업을 간단히 방지할 수 있다. 예를 들면, 데이터베이스에 몇 가지 쿼리문을 사용해 트랜잭션을 수행해야 하는 경우에 유용하게 사용된다.

비동기적인 코드를 작성할 때, 일반적으로 저지르는 실수는 오류를 발생시키는 경우다. 정의한 범위 바깥에서 콜백이 호출되고, try/catch 블록 내부에 콜백을 넣지 못한다. 그러므로 애플리케이션이 멈추거나 종료될 정도의 심각한 문제가 아니라면, 이런 상황이 발생되는 것을 가급적 피하도록 한다. Node.js에서는 uncaughtException 이벤트를 사용해 이처럼 피할 수 있는 오류를 처리할 수 있다.

Node.js에는 대부분의 개발자들이 동조하는 오류 우선 콜백 스타일 규칙이 있다. 이 규칙으로 코드의 재사용이 매우 쉬워지므로 무척 중요하게 여겨진다. 심지어 에러를 처리할 수 없는 함수가 있거나 에러로 넘기지 않고 함수 내에서 처리하고자 할 때도, 콜백의 첫 번째 인수가 null이라면 에러 이벤트를 위해 사용한다. 이를 통해 함수들이 async 모듈과 같이 사용될 수 있다. 또한 다른 개발자들도 디버깅 시에 이런 스타일을 기대하므로, 첫 번째 인수는 항상 오류 객체를 위해 사용한다.

그리고 함수의 마지막 인수는 콜백으로 사용해야 한다. 콜백 뒤의 인자들은 정의하지 않는다.

```
function mySuperFunction(arg1, ..., argN, next) {
  // 처리할 작업의 위치
  return next(null, my_result); // 에러 처리를 위한 첫 번째 인수
}
```

라이브러리 함수 사용

라이브러리 함수는 다른 형태의 모듈로 많은 개발자들이 수행해야 하는 반복적인 작업을 처리하는 데 도움이 된다. 이러한 반복적인 작업 중 일부는 lodash나 underscore 같은 라이브러리를 사용하는 것만으로 해결된다. 이 라이브러리들은 매우 중요한 코드며, 고민하지 않아도 될 정도로 좋은 최적화 방법들이다. 객체 기반의 배열에서 특정 객체를 찾거나 객체의 배열을 키의 배열과 매핑하는 것과 같이 모든 반복적인 작업은 앞서 말한 라이브러리에 한 줄 정도로 구현돼 있다. 라이브러리의 기능을 최대한 끌어내기 위해 먼저 도움말 문서를 읽어보자.

이러한 종류의 모듈들은 유용하지만, 잘 선택하지 않는다면 오히려 성능을 떨어뜨

릴 수 있다. 몇몇 모듈은 성능보다는 개발자의 편의성을 고려해 디자인돼 있다. 다시 말해, 이러한 모듈들로 개발 속도가 빨라질 수는 있지만, 각 함수의 복잡도를 고려해야만 한다. 그렇지 않으면, 함수를 한 번 호출한 결과를 저장해 사용하는 대신, 이러한 복잡도를 고려하지 않고 같은 함수를 여러 번 호출하는 실수를 범할 수 있다.

> 애플리케이션을 개발하는 중에는, 또는 두 명의 사용자가 테스트하는 중에는 성능 향상이 눈에 띄지 않을 수 있다는 점을 기억하자. 이때는 데이터나 사용자 수가 매우 적기 때문에 애플리케이션의 성능이 원래 좋을 수 있다. 하지만 이후 일부 디자인과 관련된 결정들로 인해 애플리케이션이 커졌을 때는 후회할 수도 있다.

함수 규칙 사용

사용되는 언어가 함수형 언어고, 1급^{first-class} 함수[1]를 사용하기 때문에 이 플랫폼에서는 함수가 매우 중요하다. 디버깅과 최적화를 쉽게 할 수 있는 함수를 작성하기 위해 몇 가지 지켜야 할 규칙이 있다. 이러한 규칙은 공통적인 구조를 강제함으로써 몇몇 오류들을 피할 수 있게 해준다. 이러한 규칙은 JSCS(http://jscs.info/)를 사용해 적용할 수 있다.

1. 콜백으로 사용되는 클로저 함수인 경우 반드시 함수명을 명시해야 한다. 이를 통해 코드가 실행 중에 멈춰도 스택을 추적하는 과정에서 이를 구분할 수 있다. 또한 새로운 개발자가 함수의 목적을 빨리 이해하는 데 도움이 된다. 물론 너무 긴 이름은 피하자.

```
socket.on("data", function onSocketData(data) {
  // …
});
```

---

1 파라미터로 전달하고, 변수에 할당하고, 리턴 값으로 함수를 받을 수 있고, 런타임에 함수를 생성할 수 있는 함수를 말한다.
  – 옮긴이

2. 조건 분기를 중첩해 사용하지 말고, 반환은 가능한 한 빠르게 하자. 무언가를 반드시 반환해야 하는 분기에서는 else문을 사용할 필요가 없다. 또한 들여쓰기 단계를 최소화하면, 코드양도 줄고 보수가 간편해진다. 그렇지 않다면, 다수의 조건을 만족하는 상황에서 여러 단계를 거치면 결국 조건문의 지옥에 빠지고 말 것이다.

```
// 원래 작업
if (someCondition) {
  return false;
}
return someThing;

// 개선된 작업
if (someCondition) {
  return false;
} else {
  return someThing;
}
```

3. 함수를 작고 단순하게 작성하자. 한 화면에서 처리될 수 있는 것 이상으로 함수를 길게 작성하지 말아야 한다. 설령 작업이 재사용될 수 없을지라도, 함수를 더 작은 크기로 나눠야 한다. 새로운 모듈을 만들어 제공publish한다면 더 좋다. 이러한 방식으로, 프론트엔드에서 필요한 경우 모듈을 재사용할 수 있다. 또한 이전의 최적화가 불가능했던 큰 함수들을 더 작은 함수로 만들면, 엔진에서 함수를 최적화할 수 있게 된다. 다시 한 번 강조하지만, 다른 개발자가 여러분의 코드로 작업하기 전에 1주나 2주의 시간을 단지 코드를 읽는 데 허비하지 않도록 하는 것이 매우 중요하다.

작성한 모듈 테스트

작성한 모듈을 테스트하는 것은 어려운 작업이라 일반적으로 무시되지만, 매우 중요한 일이다. 첫 시작이 가장 어려울 뿐이다. 먼저 vows, chai, mocha 같은 테스트 도구들을 찾아보자. 어디서부터 시작할지 모르겠다면, 다른 모듈의 테스트 코드를 보거나 모듈의 도움말 문서부터 읽어보자. 하지만 절대로 테스트하는 것을 포기해서는 안 된다.

도움이 필요하다면, 앞서 언급한 도구의 웹사이트에서 처음 시작하기와 같은 문서를 참조하자. 또한 세마포어 사이트 내에 있는 이고르(Igor)의 포스팅(https://semaphoreci.com/community/tutorials/getting-started-with-node-js-and-mocha)도 도움이 된다.

처음에는 하나둘씩 테스트를 추가하고, 점차 그 수를 늘려나가면 된다. 개발 초기부터 모듈을 테스트할 때의 가장 큰 장점은 버그가 발견됐을 때 이에 대한 상황을 재현할 수 있는 테스트 케이스를 생성할 수 있다는 점이다. 이것으로 해당 버그로 인한 문제 발생을 미연에 방지할 수 있다.

코드 커버리지가 매우 중요한 것은 아니지만, 모듈 일부만 테스트할 때 전체 중 어느 정도가 테스트되는지 확인할 수 있다. 이를 위한 커버리지 모듈에는 istanbul 또는 jscoverage가 있으므로, 자신에게 맞는 것을 골라서 사용하면 된다. 코드 커버리지는 테스트와 함께 수행되므로, 테스트하지 않는 부분은 커버리지에서도 보이지 않게 된다.

애플리케이션의 성능을 개선하려면, 의존성이 있는 모든 모듈을 개선하도록 살펴봐야 한다. 이를 위해서는 먼저 테스트가 이뤄져야만 한다. 의존성 있는 모든 모듈의 버전을 관리하는 것은 매우 중요하지만, 매번 새로운 버전의 변경 내역을 확인하기란 어려운 일이다. 하지만 모듈이 리팩토링돼 성능이 급격히 좋아질 수도 있다. 데이터베이스 접근 모듈이 이에 대한 좋은 예라고 할 수 있다.

요약

Node.js와 NPM은 고성능 애플리케이션을 개발하기에 아주 좋은 플랫폼을 제공한다. 이 요소들 뒤에 자바스크립트가 있고 최근 웹 애플리케이션이 대세를 이루고 있기 때문에 이 조합은 더 매력적인 선택이 될 것이다. 게다가, 자바스크립트가 PHP와 루비 같은 서버 쪽 언어들보다는 클라이언트에 가깝기 때문에 궁극적으로 개발자가 클라이언트와 서버 쪽의 코드를 모두 공유할 수도 있다. 이 조합은 더 매력적인 선택이 될 수 있다. 또한 프론트엔드 개발자와 백엔드 개발자가 각자의 코드를 공유해 읽고 개선할 수 있다. 많은 개발자들은 이런 공식을 선택해 클라이언트 사이드에서의 많은 관습을 서버 사이드로 가져올 수도 있다. 하지만 서버 사이드에서는 많은 클라이언트들이 연결돼 있고 성능이 매우 중요해 비동기 작업들은 배제돼야 하므로, 이러한 관습들 중 일부는 적용될 수 없다.

다음 장에서는 애플리케이션 동작이 간단하고 빠르면서 더 많은 클라이언트를 수용할 수 있도록 확장 가능하게 개발하는 패턴에 대해 알아보고, 기반 구조에 대해서도 살펴본다.

2
개발 패턴

개발은 멋진 일이다. 개발은 새로운 것을 만드는 자유를 만끽할 수 있게 해준다. 그리고 우리에게는 모든 개발 언어를 사용해 무언가를 만들 수 있는 자유가 있다. 다만, 같은 작업을 할 때는 좋은 방식과 좋지 못한 방식이 모두 있기 마련이다. 개발자는 비슷한 해결책이 있는 다른 문제에 직면할 때 패턴을 적용하기도 한다. 몇 가지 문제에서는 사용해야 할 패턴을 알기도 하지만, 패턴을 제대로 모르고 사용하기도 한다.

몇몇 패턴들은 직접 성능을 높여주기도 하지만, 다른 패턴은 확장 가능한 구조로 간접적으로 성능을 개선해주기도 한다. 고성능 애플리케이션을 만드는 일은 실행될 코드를 잘 파악하는 것이 수반돼, 그 결과로 애플리케이션 전체에 사용되는 패턴을 잘 파악할 수 있다. 때로는 패턴들이 의도치 않게 적용되기도 하지만, 특정 패턴의 이점 때문에 적용되기도 한다. 애플리케이션의 객체에서부터 객체와 1급 클래스 서비스 간의 소통에 이르기까지 패턴은 애플리케이션 곳곳에 존재한다.

비슷하게, 언어와 플랫폼에 특화된 패턴들도 있다. 몇몇 컴파일러나 인터프리터에서 다른 것들에 비해 코드들을 잘 처리하기도 하기 때문이다. 그리고 대부분의 일반적인 상황에서 최고의 퍼포먼스를 목표로 디자인되기 때문이기도 하다. 그리고 언어에서 함수나 변수 타입, 그리고 루프와 같은 것들을 다루는 법에 기인하기도 한다. 이런 모든 이유들 때문에 인터프리터에서 몇몇 코드 패턴을 어떻게 다루는지 이해하는 것이 중요하다.

패턴이란?

패턴은 라이브러리나 클래스는 아니다. 패턴은 개념적인 것으로, 일반적인 프로그래밍 문제들에 대한 재사용 가능한 해결책을 말한다. 또한 이러한 해결책은 특정한 사용 사례에 최적화되고 검증돼 있다. 이렇게 패턴이 특정한 문제에 대한 해결을 의미하는 개념이기 때문에, 개발 언어로 구현돼야만 한다. 모든 패턴에는 장점과 단점이 있으므로, 잘못 선택한다면 오히려 더 골치 아픈 문제가 발생하기도 한다.

패턴 자체가 잘 검증되고 보장된 개발 패러다임을 제공하고 있으므로, 개발 프로세스의 속도는 높아진다. 패턴의 재사용으로 많은 문제를 회피할 수 있고 개발자들 간의 코드 가독성을 높일 수 있다.

패턴은 고성능 애플리케이션에서 매우 중요하다. 때때로, 유연성을 높이기 위해 패턴으로 성능을 다소 낮출 수 있는 새로운 관점을 코드에 도입하기도 한다. 그래서 패턴을 도입할 때는 패턴으로 인해 목표했던 성능 지표가 다소 망가질 수 있음을 알아야만 한다.

안티 패턴과 같은 좋지 않은 상황을 피하기 위해 좋은 패턴들을 숙지하는 것은 매우 중요한 일이다. 안티 패턴은 비효율적이고 역효과가 있는 문제를 재발하는 해결책으로, 특정 패턴을 의미하기보다는 일반적인 오류와 비슷하다. 안티 패턴은 대부분의 오래된 개발자 커뮤니티에서 사용하지 말아야 할 전략으로 나와 있다. 자주 보이는 일반적 안티 패턴들은 다음과 같다.

- **반복**Repeating yourself: 과도한 양의 코드를 반복하지 말아야 한다. 등을 기대고 큰 그림을 보면서 리팩토링해보자. 몇몇 개발자들은 리팩토링을 애플리케이션의 복잡성으로 보기도 하지만, 실제로는 애플리케이션을 더 단순하게 만드는 과정이라고 할 수 있다. 리팩토링을 했을 때 단순함을 이해할 수 없다면, 일단 코드에

주석을 남겨두는 것을 잊지 말자.

- **최고라고 생각되는 새로운 솔루션 만들기**^{Golden hammer 또는 silver bullet}: 특별하게 Node.js 의 에코시스템에는 NPM을 통해 사용 가능한 모듈이 수천 가지나 있다. 바퀴를 다시 발명하는 것과 같은 일은 하지 말자. 새로 모듈을 만들어내는 것보다는 필요한 모듈을 잘 사용하는 데 시간을 투자해야 한다.

- **오류 기반의 코드 개발**^{Coding by exception}: 코드에서는 일반적인 오류의 모든 유형들을 처리한다. 애플리케이션이 잘 계획돼 있다면, 이런 우연한 복잡성은 피할 수 있다. 이로 인해 애플리케이션에 새로운 것이 추가되지는 않기 때문이다. 오류의 모든 유형에 대한 코드를 작성하려 하지 말고, 일반적인 것들만 처리하도록 만들자. 그리고 가장 일반적인 에러를 처리하는 것을 기본으로 설정하자. 그렇다고 이것이 백엔드에서 에러를 기록할 필요가 없다는 것을 의미하지는 않는다. 나중에 분석하기 위해 기록할 필요는 있지만, 모든 유형의 에러를 애플리케이션에서 처리하도록 만들 필요는 없다. 모든 오류에 대해 처리하는 코드는 유지 보수에 적합하지 않다.

- **시행착오를 통한 프로그래밍**^{Programming by accident}: 시행착오에 의한 프로그램은 피하자. 이러한 방식에서 성공은 운에 의한 것으로 결국 확률 문제가 된다. 이는 정말로 피해야 할 방식이다. 이러한 방식으로 코드를 작성하면 어떤 경우에는 잘 동작하지만, 계획되지 않은 상황에서 잘못된 동작을 하게 된다.

Node.js 패턴

Node.js 플랫폼의 구조와 API 모델로 인해 몇 가지 패턴들이 자연적으로 사용되거나 다소 편향돼 사용되기도 한다. 이러한 패턴의 명확한 예로, 이벤트 기반 패턴과 이벤트 스트림 패턴이 있다. 이들은 강제되지는 않지만 핵심 API에서 당연하게 사용돼, 자연스럽게 애플리케이션의 일부분에서 사용된다. 그러므로 동작하는 방식이나 이러한 패턴으로 얻을 수 있는 장점들을 알아두면 도움이 된다.

핵심 API를 사용하면 파일시스템에 접근해 단일 메소드나 콜백을 이용해 파일을 읽을 수 있다. 그리고 읽기 스트림을 요청하고 데이터를 확인해 이벤트를 종료하거나 스트림을 다른 곳에 연결시켜줄 수 있다. 이러한 기능은 파일 내용을 확인하지 않고 그냥 클라이언트에 전달하고자 할 때 매우 유용하다. 이러한 구조는 http나 net과 같은 핵심 모듈에서 동작하도록 디자인됐다. 비슷한 방식으로, 클라이언트의 커넥션을 리스닝할 때 소켓 생성 동안 커넥션 리스너가 특별히 정의되지 않은 경우 커넥션 이벤트를 리스닝하고 나서 데이터를 리스닝하고 각 커넥션의 이벤트를 종료한다. 예외 상황을 발생시키는 에러 이벤트를 무시하지 않아야 애플리케이션이 강제로 종료되는 일을 막을 수 있다. 이벤트는 Node.js 플랫폼의 핵심 기능이다.

- 스트림과 이벤트가 서로 다른 것처럼 생각될 수 있지만 사실은 아니다. 모든 스트림은 이벤트 전송자^{emitter}가 확장된 것이다. 가장 기본적인 형태에서, 스트림은 버퍼에 있는 데이터 이벤트를 내보내는 과정이라 할 수있다. 이벤트와 스트림, 그리고 버퍼가 함께 이벤트 주도 아키텍처의 좋은 예를 보여주며, 이 패턴은 자바스크립트 언어에서 잘 동작한다.

- 서로 다른 유형의 스트림도 잘 연결될 수 있는데, 특히 공통의 데이터나 종료 이벤트를 공유할 때 그러하다. fs 스트림을 사용해 http 스트림에 이어주는 것이 아주 일반적인 경우다. 이러한 사용성을 통해 개발자들은 애플리케이션 내의 불필요한 메모리 할당을 피하면서 플랫폼으로 작업을 전달할 수 있다.

- 이벤트는 애플리케이션 컴포넌트 간의 결속을 느슨하게 만들어, 이벤트를 발생시키는 컴포넌트와 해당 이벤트를 리스닝하는 컴포넌트 사이의 엄밀한 연결 없이도 애플리케이션이 변경되고 개선될 수 있게 해준다. 단점이 있다면, 극단적인 경우가 발생할 수 있으므로 상세히 들여다봐야 한다는 것이다. 예를 들면, 리스닝하지 않고 있어서 전달된 이벤트가 소실되는 경우나 더 이상 존재하지 않는 이벤트를 리스닝하는 것을 멈추지 않아서 메모리 누수가 발생하는 경우가 이에 해당한다.

- 버퍼는 문자열 인코딩에 의해 문자열이 깨질 수 있는 데이터를 조작할 때 반드시 사용해야 하는 객체다. 또한 버퍼는 플랫폼에서 파일을 읽거나 소켓에 데이

터를 쓸 때에도 사용된다. 그래서 버퍼를 사용하는 문자열 조작 함수들이 많이 있다.

패턴 유형

애플리케이션이 핵심 API만 사용하는 것은 아니다. 복잡한 애플리케이션에서는 많은 다른 모듈이 사용되고, 이 모듈 중 일부는 직접 개발될 뿐 아니라 쉽게 다운로드해 사용할 수도 있다. 애플리케이션에서 패턴은 여기저기에서 발견된다. 모듈을 사용하고 다른 인터페이스를 생성한다면, 구조 패턴의 하나인 어댑터 패턴이 사용될 수 있다. 다운로드한 모듈을 몇 가지 기능의 메소드를 추가해 확장할 필요가 있다면, 또 다른 구조 패턴인 데코레이터 패턴이 사용될 수 있다. 다운로드한 모듈이 다소 많은 정보로 초기화돼야 한다면, 생성 패턴의 하나인 팩토리 패턴이 사용될 수 있다. 애플리케이션이 발전돼 초기 설정에서 많은 유연성이 요구된다면, 또 다른 생성 패턴의 하나인 빌더 패턴이 사용된다. 또한 애플리케이션이 관계형 데이터에 접근한다면, 액티프 레코드 패턴이 사용돼야 한다. 그리고 소프트웨어 프레임워크 같은 것들을 사용한다면 MVC 패턴이 사용된다.

많은 개발자들은 이러한 패턴을 의식하지 못하고 사용하고 있다. 하지만 패턴들을 이해하고 특히 몇몇 패턴들이 특정 컨텍스트에서 문제가 있다는 점을 아는 것은 중요한 일이다. 이러한 패턴들을 테스트하고 분석하기 위해서는 패턴들을 몇 가지 유형으로 분류해야 한다. 이제 가장 일반적인 패턴들을 먼저 살펴보자.

아키텍처적 패턴

아키텍처적 패턴은 일반적으로 소프트웨어 프레임워크 내부에 구현된다. 이 패턴은 대부분의 애플리케이션에서 발견되는 일반적인 문제들을 해결한다. 패턴으로 몇몇 레이어를 생성해 발생되는 코드 중복을 방지할 수 있다. 다음은 프론트 컨트롤러 패턴을 설명하는 그림이다.

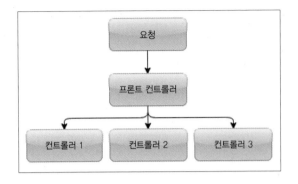

- 웹 애플리케이션에서 일반적으로 볼 수 있는 프론트 컨트롤러 패턴은 들어오는 모든 요청을 유일한 컨트롤러에서 처리하는 형태다. 이 패턴에는 공통 라이브러리를 로드하는 단일 진입점이 존재하며, 이러한 공통 라이브러리에는 데이터 접근, 세션 관리, 각 요청에 대한 개별 컨트롤러 등이 있다. 이는 매우 공통적인 방식으로, 다른 동작에 대해서는 별도의 진입점을 갖는 방식은 대체로 코드양이 증가하고 코드가 중복되기 때문에 애플리케이션의 관리와 유지 보수가 매우 어려워진다.

현재 대부분의 프레임워크에서는 이 패턴으로 불필요한 코드의 중복 없이 애플리케이션에 다른 모듈을 추가해 개발할 수 있다. 여기에는 데이터베이스 접근, 세션 관리, 접근 및 에러 로깅, 일반적 접근, 권한, 어카운팅accounting 등과 같은 일반적인 작업을 처리하는 중앙점이 존재한다.

이 패턴은 애플리케이션의 공통 부분이 먼저 실행돼 필요성 확인을 수행하고 코드 반복을 많이 줄여주므로, 잘 구조화된 애플리케이션에서는 필수 요소다. 또한 보안 취약점이 발견되는 경우 단일 진입점이 복수 진입점보다 봉쇄가 용이하기 때문에 보안 측면에서도 유리하다. 또한 애플리케이션이 반응성을 개선하기 위해 모든 종류의 성능 개선 방법을 사용할 때, 중앙점을 사용하면 전반적인 성능이 개선될 수 있다. 다음은 MVC를 설명해주는 그림이다.

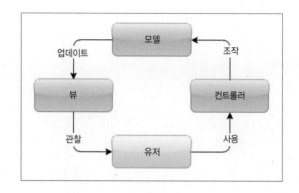

- MVC^{Model-View-Controller} 패턴은 애플리케이션 컴포넌트를 패턴 이름대로 모델, 뷰, 컨트롤러로 나눈다. 모델은 데이터 구조나 정보 로직을 의미한다. 예를 들어, 관계형 데이터베이스에서 한 개 이상의 테이블이 될 수도 있다. 뷰는 시각적 표현으로, 일반적으로 사용자 인터페이스를 의미한다. 그래픽을 사용한 표현이 있을 수도 있고, 문자를 기반으로 표현할 수도 있다. 이는 사용자가 모델을 보거나 조작할 수 있는 방식을 표현한다. 사용자가 뷰에서 동작을 수행할 때마다 컨트롤러에서 실제로 모델을 조작한다.

이 패턴에는 많은 변형이 있으므로 언어와 작업에 맞게 잘 선택해야 한다. MVVM^{Model-View-ViewModel}과 MVA^{Model-View-Adapter}는 이 변형 중의 일부로, 뷰를 모델에서 분리시킨다. 모델을 분리시켜 모델이 뷰를 인식하지 못하도록 하는 것이다. 이를 통해 동일 모델에 대해 다양한 뷰를 가질 수 있다.

이 패턴의 주목적은 사용자가 보는 뷰, 디자인 부분과 모델에 속하는 프로그래밍 로직을 명확하게 분리하는 것이다. 이는 로직에 영향을 주지 않으면서 변경해야 할 때 디자이너에게 매우 중요하다. 또한 이를 통해 개발자는 디자인을 해치지 않고 로직을 고칠 수 있다. 최소한 중급 개발자들에게 이 패턴은 매우 중요하다. 이는 패턴 이상으로 필수 구현 요소로 고려되기 때문이다.

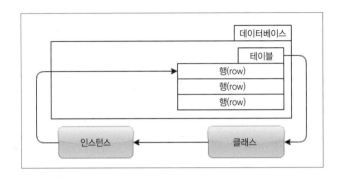

- 액티브 레코드 패턴은 단순 데이터 객체를 제공함으로써 관계형 데이터에 접근할 때 사용되는 추상적인 레이어다. 이 객체를 조작하는 것으로 데이터베이스의 변경이 유발될 수 있는데, 이때 개발자는 애플리케이션이 사용하고 있는 데이터베이스의 유형을 알 필요가 없다. 일반적으로, 데이터베이스의 테이블이나 뷰는 클래스에 매핑되고, 열은 인스턴스에 매핑된다. 일반적으로 외래 키는 인스턴스를 참조해 처리된다. 로직에는 일반적인 애플리케이션 작업에 대한 데이터 객체가 주어진다. 예를 들어, 성명을 만들어내려면 성과 이름이 있는 테이블의 두 개 열을 기반으로 한다. 전체적으로 이는 데이터뿐만 아니라 애플리케이션의 투영된 동작에 맞춰 확장된 최상단의 확장 레이어를 갖게 해줌으로써, 비즈니스 로직의 접근을 좋게 해준다. 이 패턴은 일반적으로 새로운 수준의 기능을 확장하는 객체-관계형 매핑ORM 라이브러리에 사용된다. 이러한 예로 애플리케이션의 다수의 위치에서 데이터베이스의 동일한 열을 참조하거나 동일한 데이터 객체를 참조하는 경우가 있다.

하지만 이 패턴은 주로 두 가지 이유로 비판을 받고 있다. 첫 번째 이유는 애플리케이션과 데이터 사이의 추상화 계층이 있기 때문에 성능을 많이 떨어뜨린다는 것이다. 하지만 이를 통해 데이터 집중 애플리케이션에서의 메모리 누수를 개선할 수 있다. 두 번째 이유는 테스트 가능성으로, 데이터 객체와 데이터베이스 사이의 강한 결합은 실제 데이터베이스를 적절히 테스트하는 것을 어렵게 만든다.

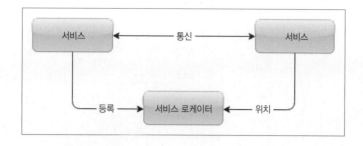

● 서비스 로케이터 패턴은 중앙 레지스트리를 사용해 서비스의 접근을 추상화하는 개념이다. 여기서 중앙 레지스트리는 서비스 로케이터라고 불리며 서비스를 등록하고 각 서비스의 접근 메소드를 알려준다. 이 패턴을 위해 컴포넌트와 애플리케이션 사이에 레이어를 추가해야 하지만, 이로 인해 애플리케이션의 확장성과 적응성이 주어진다.

이 접근법에는 몇 가지 장점이 있는데, 그중 가장 중요한 장점은 작업 부하에 대한 적응을 가능하게 한다는 것이다. 서비스 로케이터는 등록된 서비스로의 접근을 제어할 수 있다. 그리고 만약 동일한 서비스에서 다수의 인스턴스가 서버에 걸쳐 존재하는 경우, 이 로케이터는 인스턴스 접근을 회전시켜 더 많은 인스턴스에서 더 많은 부하를 처리할 수 있도록 해준다. 또 다른 장점은 성능 개선 또는 버그 수정을 위해 서비스 등록을 해제하거나 새로운 레지스터를 등록하는 것을 가능하게 함으로써 서버 정지 시간을 0으로 유지할 수 있다는 것이다.

하지만 모든 것이 다 좋지는 못하다. 여기에는 비중 있게 다뤄야 하는 단점이 존재한다. 서비스 로케이터는 잠재적으로 아무도 원하지 않는 단일 문제점이 될 수 있다. 보안 역시 중요하기 때문에 서비스 등록도 외부로부터의 하이재킹을 피하기 위해 주의 깊게 다뤄져야 한다. 또한 서비스가 서비스 로케이터로부터 분리돼 있으므로, 서비스 동작이 블랙박스로 처리돼 오류를 처리하거나 복구하는 것이 어렵다.

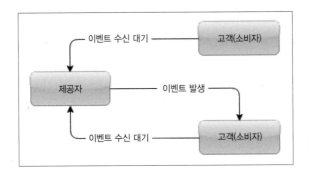

- 이벤트 주도 패턴은 이벤트의 생산 및 소비를 촉진시키는 패턴이다. 이 구성은 프로그래밍 로직이 이벤트에 반응하도록 만든다. 이벤트는 상태의 변경을 의미하는데, 예를 들면 네트워크 연결이 생성되고, 데이터를 전달받고, 파일 처리가 종료되는 것들을 말한다. 소비자라고 불리는 이벤트 감지 객체는 생산자인 해당 이벤트 이미터에 리스너(수신 대기자)를 등록한다. 생산자 객체가 이벤트에 대한 상태 변화를 감지하면, 소비자 객체에 이벤트가 발생했음을 알린다.

  이벤트는 데이터 정보를 갖기도 한다. 예를 들어, 파일을 읽는 객체가 이벤트 이미터(제공자)라면, 각 파일을 열거나, 파일로부터 데이터를 받거나, 파일을 닫거나, 오류가 발생하는 경우에 소비자 객체에 이벤트를 알린다. 그 결과로, 데이터 이벤트는 파일 자체를 얻게 되고 오류 이벤트는 관련된 오류를 얻을 수 있게 된다.

  네트워크나 파일시스템을 사용하는 예측 불가능하고 비동기적인 환경을 목표로 한 시스템에서는 이런 패턴으로 애플리케이션을 만들면 일반적으로 반응성이 더 좋아진다. 이벤트는 어디에서나 무엇이든 될 수 있기 때문에 이 아키텍처는 매우 느슨하게 결합돼 이런 패턴의 확장 및 배포가 용이해진다.

  이 패턴으로 돼 있는 프레임워크를 사용해 개발자는 이벤트 이미터와 같은 자신만의 결과물을 만들어낼 수 있으며, 커스텀 이벤트나 데이터로 핵심 기능을 확장할 수 있고 애플리케이션 전체를 이벤트 주도 방식으로 만들 수도 있다.

생성 패턴

생성 패턴은 개발자가 새로운 데이터나 객체를 생성하기 위해 사용하는 패턴이다. 이 패턴은 새로운 객체를 초기화하거나 기존의 것을 재사용할 때 선택할 수 있는 유연성을 애플리케이션에 더해준다. 이러한 유형의 패턴에서는 다음과 같은 형태를 발견할 수 있다.

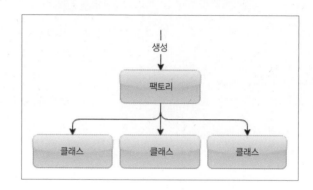

- 팩토리 메소드 패턴은 특정 클래스로부터 애플리케이션을 추상화하고 새로운 객체를 생성하기 위해 사용된다. 이 패턴에서 메소드가 호출되면, 새로 생성되거나 재사용되는 객체가 반환된다. 그리고 필요에 따라 생성 로직이 다른 서브 클래스에서 처리되기도 한다. 이 패턴은 새로운 객체를 생성해야 하는 컴포넌트가 데이터베이스 정보 같은 필요한 모든 정보를 갖고 있지 않을 때 확실히 유용하게 사용된다. 또한 이런 객체가 여러 컴포넌트에서 재사용될 때, 이를 생성하기 위한 코드가 너무 복잡하고 많은 코드들의 중복이 필요한 경우에도 사용될 수 있다. 다시 말해 데이터베이스 연결이나 다른 데이터 정보 서비스 접근은 이 패턴을 사용하기에 아주 좋은 경우다.
- 지연 초기화 패턴은 복잡한 표현식을 계산하거나 객체를 생성하는 것을 지연시킬 때 사용되며, 지연 로딩이라고도 한다. 이 패턴은 일반적으로 팩토리 메소드와 함께 사용되며, 인스턴스를 팩토리 함수가 호출된 뒤에 저장해 함수가 한 번 더 호출할 때 해당 인스턴스를 반환하도록 할 때 쓰인다. 이는 단일체를 얻는 또 다른 방법이다.

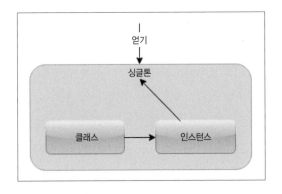

- 단일체 패턴은 작업을 효과적으로 하기 위해 애플리케이션에서 단일 객체 인스턴스가 요구될 때 사용된다. 이 패턴은 일반적으로 클래스 자체에서 사용되며, 클래스에서는 개발자가 새로운 인스턴스를 만들기 위한 메소드를 만들고, 만약 이미 만들어진 인스턴스가 있다면 그것을 반환하도록 한다. 이 패턴은 팩토리 패턴 내부에 있기도 하며, 이런 경우에는 애플리케이션에 데이터베이스 커넥션 풀을 생성하는 라이브러리가 있고 다른 모든 모듈이 이를 위해 새로운 풀을 생성하는 대신 이미 생성된 동일한 풀을 사용한다. 이 방법은 웹 애플리케이션이 매 요청이 들어올 때마다 데이터베이스에 연결하는 것을 방지할 수 있기 때문에 매우 중요하다. 이 패턴은 액티브 레코드 패턴에서도 사용된다. 예를 들면, 다수의 컴포넌트가 동일한 열을 필요로 할 때, 각기 다른 객체를 반환하는 대신 하나의 객체를 반환할 수 있다.

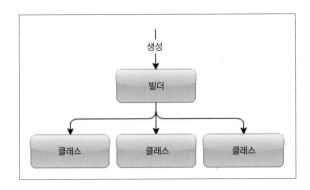

- 빌더 패턴은 다른 클래스의 인스턴스를 만드는 클래스다. 팩토리 메소드 패턴과 매우 비슷하지만 좀 더 유연하고 더 복잡하다. 개발자들은 보통 팩토리 패턴에서 시작하지만 결국 빌더 패턴으로 발전시킨다. 이 패턴은 데이터베이스 쿼리를 생성하는 것과 같이 몇 가지 조합을 생성하는 것을 추상화할 때 매우 유용하다. 빌더 기반의 클래스들은 대개 복잡하기 때문에 빌더에서 직접 이 복잡함을 처리하기 위해 더 단순한 메소드를 공개하거나 요구에 맞게 개선한다. 이 패턴은 더 유려한 인터페이스를 생성하기 위해 메소드를 다단계로 하거나 연결시키려 할 때 사용하기 좋다.

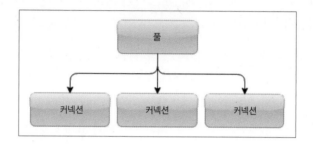

- 객체 풀 패턴에서는 풀이라 불리는 객체의 집합체가 다른 컴포넌트에 사용되기 위해 준비된 상태로 유지된다. 일반적으로 이 패턴은 커넥션 풀과 초기화 시간이 매우 중요한 명령어와 관계가 있다. 이러한 풀은 크기를 작게 해 낮은 값으로 초기화되지만 요청에 따라 더 커져서 한계 값까지 도달하게 된다.
  이 패턴은 데이터베이스 커넥션에서 자주 사용되는데, 그 이유는 연결과 인증을 고려한 커넥션 생성 시간이 크기 때문이다. 따라서 항상 연결 상태를 어느 정도 유지시켜 놓는 것으로 초기화 시간을 급격히 줄여서 성능을 개선할 수 있다.

구조 패턴

패턴의 다른 유형으로 구조 패턴이 있다. 이 유형에는 관계를 위한 패턴과 컴포넌트 간의 통신을 위한 패턴이 있다. 이 패턴들은 보통 서드파티 모듈에 공통 인터페이스 로서 연결하기 위해 사용된다. 이제부터 이 유형의 패턴들을 설명한다.

- 적응자 패턴은 가장 일반적인 패턴으로, 서로 호환성이 없는 두 컴포넌트를 공 통의 인터페이스로 연결하고자 할 때 사용된다. 유사한 패턴들 사이에서 이 패 턴을 구분할 수 있는 규칙은 두 컴포넌트를 연결하고 있는 적응자는 어떠한 로 직도 가지고 있지 않는다는 점과 새로운 공통 인터페이스로의 연결을 위한 두 개의 인터페이스만 허용한다는 점이다.

이 패턴은 두 개의 인터페이스가 있고 그중 하나가 리팩토링이 필요해 메소드를 변경해야 할 때 나타난다. 다른 하나는 리팩토링할 필요가 없기 때문에 적응자 를 사용해 애플리케이션을 지속적으로 수행시킬 수 있다.

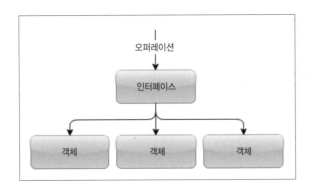

- 복합체 패턴은 객체의 그룹이나 단일 객체가 동일한 방식으로 다뤄지고 접근돼 야 할 때 사용된다. 그리고 이 패턴은 객체의 그룹이나 단일 객체에 접근해야 할 때를 모르는 경우에 사용된다. 코드의 복잡도가 단일 엘리먼트나 엘리먼트의 집 합을 다루는 것을 의미하면서 이 복잡도가 높지 않을 때 특히 유용하게 사용된

다. 이러한 패턴 사용의 예로, jQuery나 엘리먼트의 그룹을 단일 엘리먼트와 동일한 방식으로 다루는 다른 라이브러리들이 있다.

이 패턴은 항상 객체의 그룹을 가정하는 것으로 쉽게 만들 수 있다. 인터페이스가 그룹을 지원한다면, 입력을 확인하고 단일 객체를 객체의 그룹으로 전환하기가 매우 쉬워진다. 이러한 방식으로, 인터페이스 사용자는 이러한 것들을 전혀 신경 쓸 필요가 없게 된다. 따라서 이 패턴은 인터페이스를 사용자 입력에 유연하게 만드는 데 매우 효과적이다.

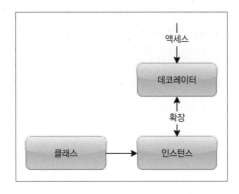

- 장식자 패턴은 동일 클래스에 있는 다른 객체의 행동에는 영향을 미치지 않으면서 특정 객체에 기능을 더하기 위해 사용된다. 이 패턴은 사실 자바스크립트의 기반 원칙인 프로토타입적인 상속의 기반이 된다. 이를 위해 객체를 다른 클래스로 래핑하고, 이에 대한 참조를 저장해 새 클래스에 새로운 기능을 추가해준다. 이 패턴은 사용하려는 모듈에 원하는 기능이 모두 갖춰지지 않았을 때 사용하고, 이를 래핑해 추가적인 메소드를 제공할 수 있다. 이 패턴은 적응자 패턴의 확장 또는 다음 단계로 볼 수 있다. 필요한 것을 대부분 만족하는 모듈은 쉽게 찾을 수 있지만, 모듈에 한 가지나 두 가지 정도 필요한 기능이 빠져 있는 것을 쉽게 발견할 수 있다. 이런 경우 이미 사용하고 있기 때문에 새로운 모듈을 찾는 것보다는 먼저 발견한 모듈을 장식해주면 된다.

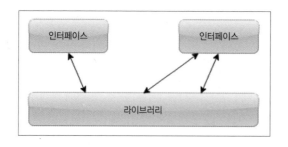

- 퍼사드 패턴은 복잡한 라이브러리를 사용하고 이해하기가 더 쉬운 인터페이스로 감쌀 때(래핑할 때) 사용된다. 때때로 라이브러리는 다양한 옵션들을 통해 지나치게 다용도로 사용될 수 있지만, 이 패턴을 사용해 복잡한 라이브러리에 단순한 인터페이스를 사용함으로써 용도를 축소시켜주기도 한다.

  이 패턴은 몇몇 반복적이고 복잡한 작업들에 공통점이 있어서 이를 위한 인터페이스가 필요하다고 고려될 때 사용된다. 이 패턴에서는 인터페이스의 변경이 없으므로 적응자 패턴이라 할 수는 없다. 예를 들어 SMTP를 사용해 통신하는 클래스에서 이러한 패턴을 볼 수 있다. 이때 이메일을 보내야 하는 메소드가 필요하고, 이 메소드는 원래 클래스의 복잡한 메소드보다는 단일 메소드로 사용되는 것이 선호된다.

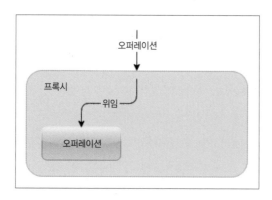

- 일반적으로 복잡한 작업을 단순화하기 위해 사용되는 프록시 패턴은 객체가 무언가에 접근하기 위한 프록시 같은 역할을 하는 패턴을 말한다. 여기서 접근 가능한 것들은 다른 객체일 수도 있고 파일, 폴더, 데이터베이스의 정보가 될 수

있다. 이 패턴은 보안 계층을 추가할 때 사용돼 애플리케이션이 특정 리소스에 접근하는 방식과 시기를 제한할 수 있다. 이러한 패턴의 사용 예로는 서비스를 위한 REST 인터페이스를 들 수 있다.

행동 패턴

행동 패턴은 객체 간 통신 패턴을 구분하는 것으로 특징지을 수 있다. 가장 일반적인 유형은 다음과 같다.

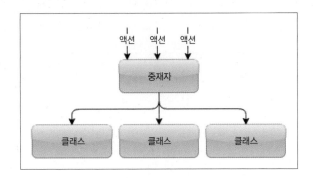

- 중재자 패턴은 중재자라고 하는 추상 계층을 만들어 다수 클래스 간의 통신을 처리한다. 애플리케이션이 복잡해질수록, 클래스 간 통신의 복잡성을 낮추기 위한 중재자의 필요성이 대두된다. 중재자는 객체가 서로 직접 상호작용하지 못하게 하는 것으로, 모든 클래스 간의 통신을 캡슐화하고, 상호 의존성을 낮추면서 결합도를 느슨하게 해준다. 애플리케이션이 모듈화돼 있고 다른 모듈을 실행 중에 로드해야 한다면, 이 패턴이 내부 API를 호출하게 된다.

- 템플릿 메소드 패턴은 몇몇 프레임워크에서 사용된다. 이 패턴은 일반적으로 옵션의 집합을 받고 정보를 컴파일하는 메소드로 돼 있고, 변경 가능한 부분은 플레이스홀더 상태로 남겨져 있다. 예를 들어, 이 패턴은 사용자 인터페이스 뷰의

프리컴파일 방식으로서 사용되며, 여기에는 국제화 문자열과 같은 부분이 플레이스홀더로 남겨져 있고 나중에 실행될 약간의 코드 로직이 있을 수 있다. 이 패턴은 템플릿에 변경이 없는 부분이 있다면 매번 템플릿이 필요할 때마다 수행되는 컴파일 시간을 줄일 수 있으므로 매우 효과적이다. 또한 이 패턴은 애플리케이션에서 템플릿의 메소드를 호출하는 대신, 템플릿에서 애플리케이션의 일부분을 호출할 때 전형적인 제어 반전의 예를 보여주게 된다.

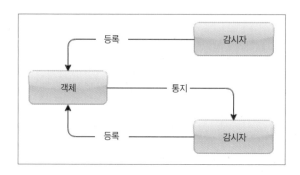

- 감시자 패턴은 자식 객체의 목록을 유지하고 감시자를 호출해 각 자식 객체에서 제공하는 메소드를 호출하는 것으로 변화를 알려준다. 일반적으로 이를 이벤트 시스템이라고 부르며, Node.js와 같은 이벤트 주도 아키텍처에서 많이 사용한다. 이 패턴은 비동기 프로그래밍에서 매우 효율적이고 유용하다. 반면에 제대로 사용하지 못하면, 메모리 누수와 같은 문제를 일으킬 수 있다. 이러한 예로는 이벤트 리스너가 제대로 등록 해제되지 않거나 감시자가 강하게 이를 참조하고 있어, 가비지 컬렉션에서 이를 처리할 수 없게 되는 경우(소멸된 리스너 문제)가 있다. 하지만 이 패턴은 Node.js 플랫폼에서 빈번히 사용되기 때문에 성능 좋은 애플리케이션을 만들기 위해서는 반드시 이해하고 수용해야 한다.

이벤트 주도 아키텍처

Node.js로 개발하는 것이 다른 언어로 개발하는 것과 특별히 다른 것은 아니다. 단지 넓게 채택되거나 완전하게 지원되는 패턴들의 수에 약간의 차이가 있을 뿐이다. 적용 가능한 가장 일반적인 패턴에는 이벤트 주도 아키텍처가 있다. 이 패턴은 이벤트의 생성과 소비를 촉진하는데, 이는 코드가 지속적으로 변화를 감지하는 것이 아니라 이벤트에 반응한다는 것을 의미한다. 일반적으로 많은 리스너(수신 대기자)들이 이벤트를 소비한다. 여기에는 이벤트 전달을 멈추는 방식을 갖고 있거나 오직 첫 리스너만 이벤트를 소비할 수 있는 등의 다양한 변형이 있을 수 있지만, 일반적으로 모든 리스너는 받을 수 있는 모든 이벤트를 소비할 수 있다.

이 패턴은 매우 느슨한 결합성을 제공하므로 애플리케이션 내에서 다수의 모듈 간 통신이 필요할 때 매우 효과적이다. 이 패턴으로 애플리케이션 컴포넌트나 서비스의 결합도를 느슨하게 유지할 수 있기 때문에 다른 서비스에 영향을 주지 않으면서 이를 개선할 수 있다. 그래서 특히 서비스 지향 아키텍처에 적용하기가 매우 좋다. 애플리케이션에 많은 서비스들이 연결돼 있다고 가정하고, 그중 사용자의 세션을 생성하고 소멸하고 관리하는 서비스를 세션이라고 하자. 이 서비스는 결국 세션이 변경되면 이벤트를 생성한다. 이러한 방식으로 다른 서비스들은 이 이벤트를 받아 정해진 대로 동작한다. 다시 말해 이는 세션이 생성된 것만을 알기 원하는 서비스는 오직 생성 이벤트만을 받을 수도 있고, 세션이 소멸될 때만 필요한 서비스 역시 특정 이벤트만을 받을 수도 있다는 것을 의미한다. 이를 통해 애플리케이션의 많은 변경 없이도 다른 서비스를 추가할 수도 있다. 또한 이 패턴은 서드파티 서비스를 신뢰할 수 없을 때, 어느 정도 경계를 만들기에도 좋다.

이러한 패턴의 변형으로, 관련된 패턴들이 몇 가지 있다. 그중 가장 널리 사용되는 패턴 중 하나는 발행-구독 패턴으로 매우 유사한 특성을 가진다. 다만 이벤트 대신 메시지를 사용하고 리스너 대신 구독자가 있으며 이벤트 이미터 대신 발행자가 있다. 이 패턴의 가장 큰 장점은 네트워크 계층을 사용하는 작업을 구현할 수 있다는 점이다. 이 패턴은 인터넷을 통해 통신하는 서비스들에 의해 사용된다. 하지만 실제로 이 패턴은 단순하지 않고, Node.js의 핵심 이벤트와 비교해 꽤 복잡하다. 여기에는 메시지 필터링이 적용돼, 구독자가 메시지 속성을 기반으로 받길 원하는 종류의 메시지를 결정할 수 있다.

일반적으로, 이 패턴은 세 번째 엘리먼트와 관련돼 있으며, 이는 발행자 메시지를 받아서 구독자에게 배달하는 동작을 한다. 이 엘리먼트는 더 분산된 아키텍처로 규모를 조절할 수 있다. 반면, 이로 인해 발행자와 구독자의 결합도를 낮추게 되므로, 무엇이 어느 채널을 통해 구독받는지 알 수 있는 발행자의 기능이 소실된다. 또한 메시지 전달을 감지해야 한다. 네트워크 계층은 많은 문제와 더불어 작업 흐름의 속도 저하를 가져올 수 있기 때문이다. 이러한 것들은 여러분이 원하는 일이 아닐 수 있다.

이벤트 주도 아키텍처를 이용해 이벤트로 정보의 흐름이 결정되는 애플리케이션을 만들 수 있다. 매우 멋진 일이지만, 여기에는 잊지 말아야 할 두 가지 중요한 사항이 있다.

1. 이벤트를 기다리는 흐름에서 이벤트가 발생하지 않거나 너무 늦게 리스너(수신 대기자)를 등록하는 등의 데드락$^{dead-lock}$ 같은 상황을 만들지 않도록 주의해야 한다. 일반적으로 이런 상황은 이벤트를 기다리기 위해 블로킹하지 않기 때문에 심각한 상황이라고 할 수는 없지만, 애플리케이션이 어중간한 상태가 돼 메모리 누수를 유발하기도 한다. 사용자 관점에서 이런 애플리케이션은 실패라고 할 수 있다.

2. 항상 오류 처리는 우아하게 해야 한다. 다시 말해, 오류를 무시하면 안 된다. http 나 net과 같은 핵심 모듈은 오류 이벤트를 잘 처리할 수 없을 때 예외를 던진다. 이는 처리되지 않는 예외가 발생하면 애플리케이션이 치명적으로 멈출 수도 있다는 것을 의미한다. 따라서 반드시 예외를 받아서 처리해야 한다.

전체적으로, 이 패턴은 일반적인 좋은 패턴이며 Node.js 플랫폼에 완벽하게 적용돼 있다. 그리고 애플리케이션 각 부분 간의 통신이 필요할 때는 매우 유용하게 사용된다. 또한 자바스크립트 언어 자체가 익명 함수와 클로저 호출을 지원하기 때문에 이 패턴 처리에 용이하다.

스트림

Node.js에서 이벤트와 스트림 사이에 어떤 관계가 있다는 것을 눈치챘을 것이다. 이 관계는 우연히 발생된 것이 아니다. 이러한 관계를 통해 이해와 적용이 간단한 멋진 작업 흐름을 만들 수 있다. 스트림은 이벤트 소비자에게 소비할 데이터가 있음과 데이터의 끝 지점을 알려주기 위해 이벤트를 사용한다.

스트림을 알아보기 위한 좋은 방법은 유닉스의 파이프와 비슷한지 보는 것이다 (https:// en.wikipedia.org/wiki/Pipeline_(Unix)). 스트림의 목적은 데이터를 읽고, 처리하고, 변경하고, 출력하는 명령어 간의 데이터 수송이다. 스트림은 읽기 가능readable, 쓰기 가능writable, 듀플렉스duplex, 트랜스폼transform 스트림을 생성하기 위한 쉽고 빠른 인터페이스를 제공한다. 각 유형의 스트림을 다음에서 살펴보자.

- **읽기 가능**: 이 유형의 예로는 파일 파서가 있다. 이 파서로 SCV와 같은 파일을 읽을 수도 있고, 각 라인에 대한 데이터 이벤트를 발생시킬 수도 있다. 이 유형의 스트림은 다른 유형의 스트림과 파이프로 연결될 수 있다. 읽기 가능 스트림은 흐름 모드flowing mode로 설정되면 데이터를 파이프로 연결해 소스에서 사용 가능하게 되고, 일시 정지 모드paused mode로 설정되면 사용 가능한 데이터를 필요할 때 수동적으로 가져온다.

- **쓰기 가능**: 파일에 쓰기를 하거나 클라이언트에 응답하는 것들은 이 유형의 스트림에 대한 좋은 예다. 다른 예로는 데이터 압축 스트림(zlib)과 암호화 스트림(crypto)이 있다. 이 유형의 스트림은 목적지destination에 데이터를 쓰고 이 과정을 알려준다. 또한 스트림에 씌여진 데이터가 반대 방향에서 처리되지 못하는 배압 상황을 처리해주기 위해 스트림에서 데이터를 메모리에 저장한다.

- **듀플렉스**: 이 유형은 읽기 쓰기가 모두 가능한 스트림으로, 소스와 목적지 양쪽을 처리한다. 이런 유형의 예로 소켓을 들 수 있고, 사용 목적에 따라 압축 스트림과 암호화 스트림이 이런 유형으로 쓰이기도 한다.

- **트랜스폼**: 이 유형의 스트림은 듀플렉스 스트림의 확장으로 소스와 목적지 사이에 데이터 변형이 수행된다. 데이터를 압축하는 것이 이 유형의 좋은 예고, 완전히 다른 포맷의 데이터 간 변환도 포함된다.

버퍼

Node.js 플랫폼에서 중요한 퍼즐 조각 중 하나는 버퍼다. 자바스크립트 문자열은 유니코드로 인코딩되기 때문에, 이진 데이터는 스크램블된 상태에서 처리된다. 여기서 버퍼는 이진 데이터 조작의 한 방법이 된다. 게다가 덤으로 다양한 크기의 숫자에 모든 엔디안을 적용해 읽고 쓸 수 있는 메소드도 제공한다.

바이너리 호환성 때문에 핵심 모듈은 스트림 데이터 이벤트에서 버퍼를 사용한다. 클라이언트로의 파일 스트림이나 클라이언트로부터 파일을 받아 디스크로 쓰는 것은 모두 아주 간단한 스트림 사이의 파이프 연결이다. 그리고 서로 버퍼를 넘겨주기 때문에 잘 동작한다.

최적화

패턴을 사용하는 것은 이미 증명된 방법이며, 테스트된 콘셉트를 사용해 코드 개선에 대한 개발자의 이해를 돕기 때문에 최종적으로 애플리케이션을 개선한다. 하지만 코드를 개선하는 것이 여기서 끝나지는 않는다. 여기에는 최적화라 불리는 다양한 언어마다 다른 유형의 패턴들이 있다.

최적화는 문제에 특화된 패턴이 아니고 코드 구조에 특화된 패턴이다. 이 발상은 코드를 변경해 더 효율적일 뿐 아니라 메모리를 더 적게 사용하거나 다른 리소스를 적게 사용하면서도 같은 작업을 수행할 수 있도록 하는 것이다. 최적화의 목표는 더 간단한 코드로 만들거나 더 읽기 편하기만 한 코드를 만드는 것이 아니다. 물론 최적화를 통해 코드는 더 커질 수 있지만, 읽는 데 불편함이 없어야 한다. 최적화를 위해 가독성을 포기하는 일은 하지 말아야 한다.

Node.js가 언어 처리기로 V8 엔진을 사용하므로, 코드에서는 V8에 특성화된 최적화 방식을 사용해야 한다. 몇 가지 최적화 방식은 모든 버전에서 적용 가능하지만, 그렇지 못한 것들도 있다. V8이 지속적으로 개선되고 있으며 Node.js 플랫폼 역시 개선된 버전을 채택해 릴리스되기 때문에, 과거의 좋은 최적화 방식이 오히려 나중에는 성능을 저하시킬 수도 있다. 이제 몇 가지 가치 있는 최적화 방식에 대해 알아보자.

히든 타입

자바스크립트는 동적 타입을 지원한다. 다시 말해 변수가 가지고 있는 타입이 동적이라 숫자-문자열 간 변경이 가능하다는 것을 의미한다. 이 기능은 컴파일 시간에 최적화하기 어렵다. 그리고 V8에는 동일 객체 간 최적화를 공유하는 히든 타입이라는 기능이 있다. 예를 들어, new 키워드를 사용해 객체를 생성할 때 모든 객체의 인스턴스가 프로토타입에서 변경되는 내용이 없다면, 모든 객체들은 히든 타입을 공유하게 돼 동일한 최적화 코드를 사용한다.

```
function Person(first_name, last_name) {
  this.first_name = first_name;
  this.last_name  = last_name;
}
var john = new Person("John", "Doe");
var jane = new Person("Jane", "Doe");
// john과 jane은 동일한 타입을 공유
jane.age = 18; // jane은 더 이상 john과 동일한 타입을 가지지 않는다!
```

복잡한 객체에 대해서는 적용되지 않지만, 단순한 객체에는 생성자에 프로퍼티를 설정해주는 것만으로 적용 가능하며 객체에는 더 이상의 변경이 없다.

숫자

반복해서 말하면, 자바스크립트에는 동적 타입이 있기 때문에 숫자도 타입을 변경할 수 있다. 컴파일러는 타입 추론을 시도한 후, 타입을 알자마자 변수에 다른 명령을 수행하기 위한 태그를 붙여준다. 타입 변경은 가능하지만 비용이 많이 들어가는 작업이므로 가능한 한 변경을 피하는 것이 좋다. 특히 31비트 부호화 정수에 대한 변경은 삼가하자.

```
var number = 32; // 31비트 부호화 정수
number /= 10; // 배정도 부동 소수점
```

배열

배열의 길이는 가변적이다. 따라서 시간에 따라 변경되기도 한다. 이를 처리하기 위해 컴파일러는 배열 타입에 특화된 내부 타입을 갖고 있으며 이러한 타입의 전환은 바람직하지 않다. 배열은 0에서 시작하는 근접한 키들을 갖고 있다. 중간에 위치한 엘리먼트를 제거하거나 초기화하지 않은 엘리먼트에 접근하는 일은 피하자. 숫자에서와 마찬가지로, 배열의 엘리먼트를 동일한 타입으로 유지하라. 또한 배열의 크기를 알고 있다면, 생성자에서 이를 지정해주자.

```
var a = new Array();
a[0] = 32;
a[1] = 3.2; // 내부적으로 변환이 일어남
a[2] = false; // 여기서도 변환이 일어남
```

이 특정 예를 보면, 앞선 모든 엘리먼트를 초기화하는 것이 낫다. 이를 통해 컴파일러가 이를 생성하기 전에 히든 타입임을 알기 때문에 이를 두 번 추론하는 일이 발생하지 않는다.

```
var a = [ 32, 3.2, false ]; // 훨씬 빠른 방식
```

함수

함수는 객체로부터 상속받기 때문에 히든 타입이 적용된다. 다형 함수는 성능을 매우 저하시키는 요인이다. 성능을 최대한 높이려면 필요한 모든 생성자에 대해 개별적인 함수를 생성해야 한다.

```
function add(a, b) {
  return a + b;
}
add(2, 3); // 단형(monomorphic)
add("john", "doe"); // 다형(polymorphic)
```

비슷한 이유로 인수의 사용 역시 퍼포먼스를 저해한다. 따라서 이를 재할당하는 것은 피하자. 그 대신에 또 다른 변수를 사용하자. 인수는 길이와 인덱스의 유효성을

확인할 때만 사용한다.

```
function add(a, b) {
  if (arguments.length == 1) b = 0; // 손실
}
```

for-in 루프

실행 중에 코드를 비교하는 방법을 사용하는 것도 루프의 다른 기능이지만, 성능 저하를 유발할 수 있다. 따라서 최적의 성능을 내기 위해 이러한 비교 기능보다는 일반적인 for 루프를 사용하자. 여기서 성능 저하는 컴파일러가 최적화할 수 없는 특정 상황에서 발생한다. 그래서 객체의 키 목록을 얻고 목록을 반복할 때는 항상 Object.keys를 사용해야 한다.

```
var keys = Object.keys(obj);
for (var i = 0; i < keys.length; i++) {
  // obj[keys[i]]
}
```

무한 루프

절대 while (true) {} 또는 for (;;) {}와 같은 무한 루프를 만들어서는 안 된다. 이 규칙은 성능이 좋은 코드를 작성하는 데 가장 중요하다. 무한 루프를 최적화하는 것은 매우 어렵기 때문에 이 경우에는 로직을 검토해 리팩토링하는 것이 낫다.

try-catch 블록

try-catch 블록은 예외를 잡아낼 수 있기 때문에 매우 중요하지만, 비동기 아키텍처에서는 그 중요성이 약간 줄어들었다. 컴파일러에서 try-catch 내부의 범위를 최적화하는 것이 어렵기 때문에 가능한 한 많은 코드를 블록 밖으로 옮겨주는 것이 좋다.

eval

eval 호출 범위에 있는 모든 함수는 최적화가 불가능하므로 eval은 모든 면에서 가급적 사용을 피해야 하는 기능이다. 꼭 필요하지 않다면 사용하지 말아야 하고, 필요하다면 최소한으로 사용해야 한다.

 예제 코드 다운로드

이 책에 사용된 예제 코드는 http://www.packtpub.com의 계정을 통해 다운로드할 수 있다. 다른 곳에서 구매한 경우에는 http://www.packtpub.com/support를 방문해 등록하면 파일을 이메일로 직접 받을 수 있다. 또한 에이콘출판사의 도서정보 페이지인 http://www.acornpub.co.kr/book/nodejs-hp에서도 예제 코드를 다운로드할 수 있다.

요약

개발은 언제나 멋진 경험이다. 성능이 좋은 애플리케이션에는 디자인과 개발상의 제약이 따르기 마련이다. 일반적인 패턴들을 이해하고 있는 것은 애플리케이션을 위해 좋은 선택을 할 수 있는 밑거름이 돼 나중의 성능 저하를 피할 수 있게 해준다. 하지만 패턴만 이해한다고 해서 다 되는 것은 아니다. Node.js 플랫폼에 기반한 모든 것들을 잘 이해한다면 성능을 높이기 위한 개발 수준의 향상에 일조할 수 있다.

좋은 패턴을 선택하고 이번 장에서 설명했던 최적화 팁을 활용해 개발해도, 애플리케이션이 특정 상황에서는 좋지 못한 성능을 보일 수도 있다. 필요한 상황이 아니라면 최적화는 수행하지 않아도 좋다. 패턴과 팁을 잘 따르는 것이 좋지만, 애플리케이션을 테스트하고 나서 최적화가 필요하다는 것을 알기 전까지 이에 지나치게 집착할 필요는 없다.

3
가비지 컬렉션

애플리케이션을 작성할 때, 가용 메모리를 관리하는 것은 힘들고 짜증스러운 일이다. 애플리케이션이 복잡해질수록 메모리 누수는 쉽게 발생할 수밖에 없다. 많은 프로그래밍 언어는 가비지 컬렉터[GC, Garbage Collector]로 불리는 메모리 자동 관리 기능을 제공해 개발자들의 메모리 관리를 돕고 있다. GC는 메모리 관리의 일부분에 해당하지만 가장 중요한 부분으로, 주기적으로 참조가 불가능한 객체를 찾아 이와 관련된 메모리 영역을 해제해줌으로써 더 이상 사용이 필요하지 않은 메모리를 리클레임하는 기능을 제공한다.

GC에서 가장 일반적으로 사용되는 기법은 참조 횟수를 모니터링하는 것이다. 이는 GC가 각 객체에 대한 참조 횟수를 가지고 있다는 것을 의미한다. 객체에 대한 참조가 없는 경우에 이 객체는 정리되며, 선택된 객체에 해당하는 메모리가 해제된다.

Node.js 엔진인 V8에서는 참조 횟수가 계속적으로 확인되지 않는다. 대신, 사이클이라 불리는 작업을 통해 주기적으로 살펴볼 수 있다. 일반적으로, 이 사이클은 나눠 실행될 수 있는 작업이 아니기 때문에 사이클 실행 중에는 프로그램이 멈추게 된다. 또한 참조 횟수를 유지하는 것만으로도 GC는 메모리를 소비하게 된다. 다시 말해 프로그램 실행 외에도 추가적인 메모리가 소비된다는 것을 의미한다. 또한 언어 자체가 동적이고 객체의 타입 변경이 가능하므로, 메모리가 비효율적으로 사용되는 경우가 발생하기도 한다. 효율적인 메모리 사용을 위해 앞서 배운 개발 패턴에 대한 내용을 잘 기억하길 바란다.

자동 메모리 관리

GC는 언어 사용을 놀랄 정도로 간단하게 만들어주므로 개발자는 애플리케이션 관점에서 더 많은 시간을 활용할 수 있다. 또한 애플리케이션이나 서비스가 오래 유지되는 것을 방해하는 메모리 누수에 의한 오류 유형들을 완전히 없애지는 못하더라도 많이 감소시켜준다. 하지만 여기에는 주기적인 작업에 의한 성능 저하 요소가 있다. 사용 중인 메모리의 양이나 짧은 주기의 시간 동안 선택되는 양에 따라 성능 저하가 눈에 보일 수도 있고 그렇지 않을 수도 있다.

이는 개발자들을 메모리 관리로부터 해방시켜준 것으로, Node.js는 다음에서 제공하는 유형의 버그들을 아예 제거하거나 놀랄 정도로 감소시킨다.

- **허상 포인터 버그**: 이 버그는 이미 메모리를 해제했지만, 해당 블록을 참조하고 있는 포인터가 남아있는 경우에 발생한다. 만약 이 영역의 메모리를 재할당한다면, 프로그램의 다른 부분에 남아있던 포인터를 사용하게 돼 예상치 못한 동작을 할 것이다. 이 경우 애플리케이션의 여러 부분에서 동일한 메모리 블록을 변경하려고 할 것이며, 이러한 버그는 특히 발견하기도 어렵다.

- **중복 할당 해제 버그**: 이 버그는 이미 해제된 메모리를 다시 해제하려고 할 때 발생한다. 그 사이에 메모리는 애플리케이션의 다른 부분에 의해 재할당돼 사용되지만, 동시에 해제되기도 한다. 앞의 버그에서 언급한 메모리 상황과 비슷하게, 같은 블록을 두 곳에서 관리하는 상황이 된다. 다만 이 경우에는 한쪽은 메모리를 사용하려고 하고, 다른 한쪽에서는 정리하려고 한다는 것이 다르다.

- **메모리 누수**: 이 버그는 메모리가 해제되기 전에 객체 참조를 해제하면서 발생한다. 프로그램이 메모리를 할당한 후 사용하고 나서, 명시적으로 할당을 해제하기 전에 참조를 해제할 때 발생한다. 특히 오래 지속적으로 동작하는 서비스에

서 이런 버그의 유형이 반복적으로 발생하면 메모리 부족 현상을 야기한다.

- **버퍼 오버플로우**: 이 버그는 작업에 할당된 공간 이상의 데이터 쓰기를 시도할 때 발생한다. 프로그램에서 메모리 공간이 추가적으로 필요해서 메모리 할당을 시도하고, 이때 실패가 감지돼 추가적인 공간을 재할당하게 될 때 일반적으로 나타난다. 이 버그로 애플리케이션이나 서비스의 동작이 멈출 수 있다.

반면, 개발자들을 메모리 관리로부터 벗어나게 하는 것은 메모리 사용 및 관리에 대한 제어권을 박탈한 것과 같다. GC는 사용 중인 메모리를 탐색하고 참조되지 않는 객체를 해제하기 위해 리소스를 사용하며, 이로 인해 애플리케이션 실행 중에 예기치 못한 정지 상태를 초래하기도 한다. 이러한 GC 작업은 예상할 수도 없고 제어할 수도 없으므로 프로그램이 많은 리소스를 필요로 할 때 예상치 못한 성능 저하를 가져올 수 있다.

Node.js가 V8을 사용하기 때문에 --expose_gc 플래그를 사용한 상태라면 gc() 메소드를 사용할 수 있다. 이때는 수동으로 GC를 수행할 수 있다. 정확하게 언제 수행할지는 결정할 수 없지만, 더 자주 강제적으로 수행할 수는 있다. 또한 GC 동작을 조절할 수도 있다. 이에 대한 자세한 내용을 확인하려면 --v8-options를 실행해보자.

GC가 사용되는 것을 막을 방법은 없고, 대신 더 자주 사용해 메모리 풋프린트를 낮출 수는 있다. GC에서 사용되는 비용은 참조되는 객체의 수에 비례하므로, 참조되는 객체를 많이 줄이고 이 메소드를 사용한다면 애플리케이션을 가벼운 상태로 유지할 수 있고, 나중에 발생하는 GC에 의한 성능 저하를 줄일 수 있다.

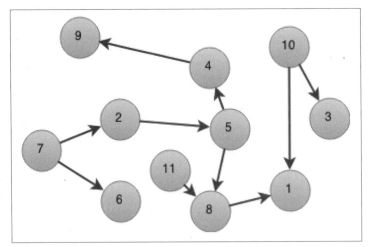

그림 1 GC 메모리 그래프

메모리 조직

메모리를 기본형(숫자와 문자열)과 객체(해시 테이블)로 돼 있는 엘리먼트의 그물망으로 생각해보자. 이는 서로 연결돼 있는 점들의 그래프로 표현할 수 있다. 메모리는 객체 정보를 보관하거나 다른 객체를 참조하기 위해 사용될 수 있다. 그래프로 이러한 관계를 살펴보면, 정보를 보관하는 잎 노드와 다른 노드를 참조하는 노드로 이뤄진 것을 볼 수 있다(그림 1에서 노드 1, 3, 6, 9가 리프[Leaf] 노드들이다).

V8을 사용할 때는 V8 인스펙터나 크롬 개발자 도구를 잘 이해하기 위한 용어들을 볼 수 있다. 그중 하나는 객체가 사용하는 메모리를 나타내는 섈로우[shallow] 크기[1]다. 여기에는 객체의 즉시[immediate] 값이 저장되고, 일반적으로 문자열과 배열은 중요한 크기 값을 가지고 있다.

여기에는 거리에 대한 열이 존재하고, 이는 루트 노드로부터 해당 노드까지의 최소 그래프 거리를 의미한다. 루트 노드는 참조가 다른 노드를 가리키기 시작한 점부터 시작된다. 그림 2의 경우, 노드 2를 가리키는 화살표가 없으므로 2번이 루트 노드가 되고 그래프의 모든 것이 노드 2에서부터 시작된다. 인스펙터에서는 프로파일[Profiles]

---

1 객체 자체가 저장되는 메모리의 양이며, 참조되는 객체는 포함되지 않는다. – 옮긴이

과 유지된retained 크기라는 다른 용어를 볼 수 있다. 이 크기는 객체가 삭제되면 즉시 해제되는 크기를 말한다. 따라서 최소한 이 크기는 해당 객체의 크기와 참조되는 객체의 크기를 더한 크기만큼이 된다. 그리고 참조되지 않는 순간 바로 할당이 해제될 것이다. 이는 다소 혼란스러워 보일 수 있다. 이해를 돕기 위해 다음의 예를 참고해 보자.

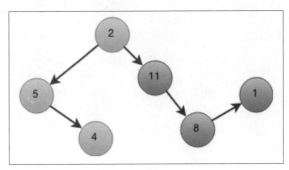

그림 2 정리 전에 표시된 노드

위의 다이어그램에서는 노드 2를 참조하는(가리키는) 노드가 없으므로 노드 2가 루트 노드임을 알 수 있다. 이 노드는 노드 5와 노드 11을 참조한다. 만약 노드 11에 대한 참조가 제거되면, 노드 2로부터 노드 8과 1로 가는 길이 없어지게 된다. 이 노드들은 노드 11이 없으면 이용 가치가 없어지므로, 노드 11의 유지된 크기의 일부분이 되는 것이다. 따라서 노드 11이 제거될 때, 이 노드들도 함께 제거된다.

메모리 누수

메모리 누수는 계속해서 가용 메모리가 감소되는 것을 말하며, 프로그램이 사용되지 않을 메모리를 해제하는 데 반복적으로 실패할 때 발생한다. Node.js 애플리케이션은 GC로 인해 이 문제를 간접적으로 겪기도 한다. 대개 이는 GC 때문이 아니라, 몇몇 객체 소멸이 정상적으로 이뤄지지 않아서 발생한다. 그리고 이러한 현상은 이벤트 주도 아키텍처를 사용하는 환경에서 흔히 발견된다.

애플리케이션이 어느 정도 규모가 되면 메모리 누수가 개발자들을 괴롭히기 시작한다. 프로그램이 다른 프로그램이나 클라이언트 같은 외부 요소와 함께 동작하기 시작하거나 프로그램의 복잡도가 증가하면 메모리 누수가 시작된다. 이러한 상황은 여러 가지 원인으로 애플리케이션에서 더 이상 사용되지 않는 객체를 해제하지 않았을 때 발생한다. GC가 애플리케이션에서 더 이상 사용되지 않는 객체를 찾더라도 여전히 다른 객체에 의해 참조되고 있다면, 이 객체는 여전히 힙 공간에 남아 old 영역이라는 곳으로 옮겨진다.

일반적으로 객체는 애플리케이션의 시작 이후로 오랜 기간 남아있기도 하고, 특정 클라이언트를 처리하는 짧은 기간 동안 남아있기도 한다. V8 GC는 이 두 가지 가장 일반적인 유형의 객체가 지닌 장점을 살리도록 디자인돼 있다. GC 사이클은 짧은 기간 동안 남아있는 객체들을 정리하고, 만약 이 객체들이 여전히 유용하다(한두 번 정도의 GC 사이클 이후에도 여전히 남아있을 때)고 판단되면 이들을 가비지를 누적시키기 시작하는 더 큰 공간으로 옮겨준다. 이 공간이 커질수록 GC 사이클 수행 시간역시 길어지고, 이로 인해 수 초간의 버벅거림이 느껴지기 시작한다. 이러한 현상이 발생했다면, 애플리케이션의 분석이 늦었다는 것을 의미한다.

메모리 제한을 V8의 기본 설정인 1GB 정도로 크게 정하고, 애플리케이션을 모니터링하지 않는다면 메모리 누수에 의해 애플리케이션이 1초 정도 멈칫거리는 것을 볼수 있다. 그리고 잠시 후에는 메모리 제한으로 인해 애플리케이션이 완전히 멈춘다. GC 사이클에서 큰 오브젝트를 컬렉션하게 되면 CPU 소비가 커지므로, GC 메모리 관리를 모니터링해서 가능하면 이로 인한 메모리 사용이 증가하는 것을 막아야 한다.

이벤트 이미터

Node.js가 이벤트 이미터emitter를 사용하고 있다는 것을 아직도 기억하는가? GC는 오직 참조되지 않는 객체만을 정리하기 때문에 이벤트 이미터는 리스너(수신 대기자)가 사용된 이후에 GC에 의해 정리되지 않는다.

```
var net = require("net");
var server = net.createServer();
server.on("connection", function (socket) {
  socket.pipe(socket);
```

```
});
server.listen(7, "0.0.0.0");
```

위의 코드는 에코 서버의 간단한 예다. 여기서는 GC가 server를 정리하지 않으며, server가 프로그램의 주 객체이기 때문에 문제없다. 다른 경우에는 리스너에서 참조하고 있는 이미터가 정리되지 않는 상황도 발생한다. 무엇보다 중요한 것은 이벤트 콜백이 자바스크립트에서는 객체가 확장된 함수라는 점이며, 마찬가지로 정리되지 않는다는 점이다.

앞의 내용을 더 자세히 살펴보자. 각 클라이언트(소켓)를 고려하면, 몇몇 전용 프로토콜을 사용할 경우에 코드가 더 복잡해질 것이다. 이를 단순화하려면 적응자 패턴을 사용해 각 클라이언트의 접근을 추상화해야 한다. 이러한 추상화는 이벤트 이미터를 애플리케이션의 다른 부분과 분리해준다는 의미로서 이벤트 이미터가 될 수 있다. 클라이언트가 연결을 유지하는 동안, 명시적으로 이벤트를 리스닝하지 않는 리스너 또한 심지어 더 이상 존재하지 않더라도 가비지 컬렉션의 대상이 되지 않는다. 그리고 모바일 연결과 같이 타임아웃이 걸리지 않는 상태에서 연결이 멈추게 되면, 잠시 동안 좀비 상태의 연결이 잔뜩 발생한다.

객체 참조

GC의 주목적은 버리고자 하는 메모리 영역을 확인하는 것이다. 이러한 영역은 일반적으로 더 이상 코드에서 참조되지 않으므로 애플리케이션에서 사용하지 않는 메모리 블록이다. 일단 사용하지 않는 블록이 확인되면, 이 영역은 재사용되거나 운영체제에서 할당을 해제한다.

```
function foo() {
  var bar = { x: 1 }, baz = bar.x;
  return bar; // baz는 참조되지 않지만 bar는 참조됨
}
```

위의 예제를 보면 bar와 baz 모두 자바스크립트 함수 범위에 의해 함수의 로컬 변수지만, return 이후에 baz는 참조되지 않고 bar는 참조되므로 확실하게 참조가 해

제되기 전까지 메모리 할당이 해제되지 않는다. 예제에서는 명백하게 드러나지 않았지만, 애플리케이션의 규모가 커지고 내부 동작을 모르는 외부 모듈을 사용하기 시작하면 생각보다 허상 참조가 많이 발생한다.

```
function foo() {
  var bar = { x: 1 };
  doSomething(bar);
  return bar;
}
```

이제 foo 함수를 호출하고 반환되는 객체를 무시한다고 가정하자. 객체에 대한 참조가 해제될 것이라고 생각하겠지만, doSomething의 동작에 따라서 이를 보장할 수 없게 된다. bar에 대한 참조를 유지하기 때문이다.

```
function foo() {
  var bar = { x: 1 };
  doSomething(bar);
  bar = null;
}
```

bar 변수를 아예 반환할 필요가 없다는 것을 생각해보면, 이 변수가 필요 없어질 때 null 값을 넣어서 참조를 제거해줄 수 있다. 확실한 방법 같지만, 그렇지는 않다. doSomething에서 bar의 참조를 가지고 있다면, doSomething 외부에서 이를 완전히 참조 해제할 방법은 없다.

더 좋지 않은 경우, 함수에서 bar 자신을 참조하는 프로퍼티를 만들어 순환 참조를 생성할 수 있다. 하지만 다행히도 GC는 애플리케이션에서 더 이상 사용하지 않는 경우를 알아낼 수 있다. 물론 이는 코드의 복잡도에 따라 다르다. 반드시 명심해야 할 것은 어딘가에서 사용되고 있거나 참조되고 있다면 GC는 객체를 정리하지 말아야 한다는 점이다.

사이클 작업마다 GC는 V8 실행을 멈추는데, 이를 전부 정지stop-the-world라고 한다. 이 작업으로 GC는 모든 객체들이 메모리의 어디에 위치하고 있는지와 이에 대한 참조가 존재하는지 명확히 파악할 수 있다. 참조의 개수가 너무 많다면, 멈추는 것에 대한 영향을 최소화하기 위해 객체 힙 영역만 처리하기도 한다. 다음의 그림은 V8이 메모리의 객체를 탐색하는 방법을 설명한다. 먼저 첫 번째 열에서 보는 것처럼, 빨간색으로 처리된 참조 해제된 객체에 표시해주고, 두 번째 열에서 이들을 정리한다. 마지막으로 세 번째 열처럼 객체들 사이의 빈 공간을 없애서 정리해준다.

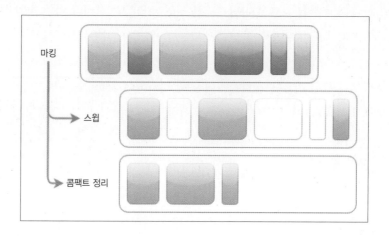

V8 이전 세대의 GC는 old 영역을 정리하기 위해 mark-sweep과 mark-compact 라는 두 가지 알고리즘을 가지고 있었다. 두 알고리즘 모두에서 GC는 스택을 따라 이동하면서 접근 가능한 객체에 표시를 한다. 그러고 나서 mark-sweep을 사용해 메모리를 해제하면서 참조되지 않는 객체들을 정리하거나, mark-compact를 사용해 사용했던 메모리를 재할당하거나 줄여준다. 양쪽 모두 페이지 레벨에서 동작하기 때문에 중형 애플리케이션에서 두드러지게 멈추는 현상이 나타나는 문제가 있다.

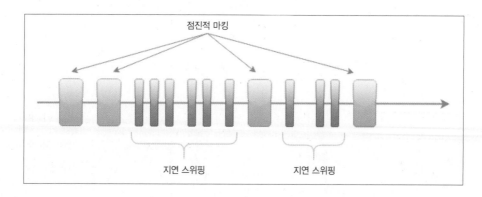

2012년 구글은 가비지 컬렉션 사이클에서 멈추는 현상을 확 줄여주는 개선책을 소개했다. 이 방식은 넓은 영역을 순환하는 것을 방지하기 위해 점진적으로 표시한다. 그 대신 GC는 표시를 위해 영역의 일부만을 처리해서 멈추는 시간을 줄인다. 긴 시간 멈춰서는 것 대신에 GC는 짧게 자주 멈추도록 돼 있다. 물론 개선점은 이것이 전부가 아니다. 표시를 마치고 나면, GC는 지연 스윕^{lazy sweep}이라 하는 작업을 수행한다. GC가 앞서 표시 단계를 통해 참조되는 객체와 아닌 객체를 명확하게 알고 있으므로, 참조되지 않는 객체들을 메모리에서 할당 해제해줄 수 있다. 하지만 이러한 작업이 즉시 수행될 필요는 없다. 그 대신 필요에 따른 기준으로 이를 처리해준다. 모든 객체가 정리되고 나면, GC는 다시 표시하기 위한 사이클을 시작한다.

GC는 프로그램이 가볍고 간단함을 유지하는 한 매우 빠르게 수행될 것이다. 절대로 단일 형태의 괴물을 만들어내지 말자. 그러고 나서 V8의 메모리 제한을 높이는 방법을 찾아보자. 64비트 머신에서는 1GB 제한의 거의 두 배 정도로 설정할 수 있지만, 이는 해결책이라고 할 수 없다. 대신 애플리케이션을 가능한 한 쪼개줘야 한다. 그럼에도 여전히 제한을 변경하고자 한다면, 노드를 실행하면서 `--max-stack-size` 옵션을 살펴보자.

객체 표현

V8에는 숫자, 불린, 문자열이라는 세 가지 기본 타입들이 있다. 숫자에는 31비트 부호화 정수인 SMI^{SMall Integers}와 더블^{double} 같은 큰 숫자나 확장 프로퍼티의 숫자에 사용되는 일반 객체가 있다. 그리고 문자열 또한 힙 내부에 존재하는 것과 힙 외부에 존재해 힙 내부의 래퍼 객체가 가리키는 것, 이렇게 두 가지 형태가 있다.

매직 길이 프로퍼티를 갖고 있는 배열과 같은 객체도 있고, 네이티브 객체처럼 힙에 저장되지 않아 GC에 의해 관리되지 않는 객체도 있다.

객체 힙

GC는 객체 힙에 객체를 저장한다. 힙은 크게 new 영역과 old 영역으로 나뉜다. 이름에서 알 수 있듯이, 각각 새로운 객체와 오래된 객체에 대한 영역을 나타낸다. new 영역은 새로운 개체가 생성되는 공간이고, old 영역은 한 번 이상의 GC 사이클 이후에도 남아있는 객체들이 옮겨지는 공간이다. GC가 계속해서 동작하는 것은 아니므로, GC 사이클 사이에 객체들이 생성되고 얼마 지나지 않아 소멸된다. 이것이 가장 일반적인 객체의 동작이기 때문에 GC는 보통 효율적으로 객체를 정리할수 있게 된다. 하지만 몇몇 소멸되지 않는 객체들은 사용되고 있거나 참조되고 있으므로 GC 사이클에도 살아남는다. 이 부분에서 메모리 누수가 발생할 수 있다.

두 영역에 대한 디자인은 각각 다른 목적을 가지고 있다. new 영역은 old 영역에 비해 작지만 빠른 동작을 위해 디자인돼 GC에서 빠르게 분석할 수 있다. 반면 old 영역은 더 크고 GC 사이클 후에 옮겨진 객체들을 보관하고 있다. 그래서 이 영역의 크기는 수 MB에서 수 GB로 더 커질 수 있다. 이러한 디자인으로, 앞서 설명한 짧은 수명주기를 가진 일반 객체들은 상대적으로 작고 빠르게 관리되는 new 영역에서만 존재한다.

각 영역은 페이지라는 연속적인 메모리 블록으로 구성돼 객체를 저장한다. 각 페이지의 첫 부분에는 헤더들이 존재하고, 이 헤더의 비트맵은 GC에게 객체가 사용하고 있는 페이지 공간을 알려준다.

이렇게 객체를 나누고 다른 영역으로 옮기는 작업에서 다른 문제들이 발생할 수 있다. 그중 확실한 한 가지는 재할당 문제며, 다른 하나는 new 영역의 객체 참조들이 old 영역에 있는지 알아야 한다는 점이다. 이러한 상황이 발생하면, 객체들이 정리되지 않을 수 있다. 하지만 이러한 아키텍처의 속도를 저해하면서라도, 강제적으로 GC가 old 영역을 탐색해 이를 확인하도록 할 수 있다. 이러한 상황을 방지하기 위해 GC는 old 영역에서 new 영역을 참조하는 목록을 관리해야 한다. 물론 이를 위해 추가적으로 메모리가 낭비되기는 하지만, 이러한 참조 형태는 상대적으로 많이 발생하지 않으므로 별도의 리스트를 탐색하는 것이 더 빠르다.

new 영역은 작고, 새로운 객체를 생성하는 일은 이미 지정된 메모리의 포인터를 하나 증가시키는 일에 불과하므로 매우 간단하다. 이 new 영역이 가득 차면, 추가적인 공간의 사용 없이 마이너 사이클이 수행돼 죽은 객체들을 수집하고 해당 공간을 리클레임한다. 만약 객체가 두 번의 마이너 사이클에도 존재하고 있다면, old 영역으로 옮겨진다.

old 영역에서는 new 영역에서의 마이너 사이클보다는 덜 빈번하게 수행되는 메이저 사이클을 통해 객체를 정리한다. 메이저 사이클은 이 영역의 크기가 특정 메모리양에 도달하거나 수행 주기를 지나게 되면 수행된다. 이 사이클은 자주 발생하지는 않지만, 발생하면 애플리케이션을 다소 멈추게 만든다.

힙 스냅샷

V8은 객체 간 메모리 분산 상태를 분석하기 위한 힙 스냅샷을 제공한다. 이 스냅샷으로 알 수 있는 것으로는 코드에서 사용하고 있는 객체들과 그중에서 실제로 사용되고 있는 양, 그리고 스냅샷이 요청되기까지 애플리케이션에서 이들을 사용한 방법 등이 있다. 힙 스냅샷을 얻는 다양한 방법들이 있지만, 여기서는 그중 몇 가지만 다룬다.

약간의 메모리 누수가 발생하는 프로그램을 작성하고 이를 노드 인스펙터(node-inspector) 모듈을 사용해 분석해보자. 터미널을 열고 노드 인스펙터를 글로벌(-g) 옵션을 사용해 설치하면 머신 전체에서 이 모듈을 사용할 수 있다. 다음의 예에서는 sudo 명령어를 사용하며, 글로벌 모듈인 경우 제한된 위치에 설치된다.

```
$ sudo npm install -g node-inspector
```

인스펙터는 다른 모듈들을 컴파일해야 하므로 컴파일러를 필요로 한다. 정상적으로 설치됐다면, 이미 설치돼 있는 의존성 설치 목록들을 볼 수 있고 사용할 준비가 끝난다. 인스펙터는 일단 시작되면, 프로그램을 변경하고 재시작하더라도 인스펙터를 재시작할 필요가 없다. 파라미터 없이 인스펙터를 실행하고, 터미널 탭은 그대로 둔다.

```
$ node-inspector
```

실행하면 다음과 비슷한 콘솔 출력이 결과로 나온다. 여기서 사용하고 있는 버전이 0.10.0임을 알 수 있지만, 다른 버전을 사용할 수도 있다. 보여주기가 목적이므로, 반드시 동일한 버전을 사용해야 할 필요는 없다. 다만, 버전에 따라 출력의 결과가 달라질 수는 있다. 여기서는 다음과 비슷한 결과를 보여준다.

```
$ node-inspector
Node Inspector v0.10.0
Visit http://127.0.0.1:8080/debug?ws=127.0.0.1:8080&port=5858 to start
debugging.
```

이제 웹 브라우저를 실행해 결과에 나와 있는 페이지를 열어보자. 그리고 나서 leaky라는 프로그램을 작성하자. 앞서 이야기한 것처럼, 이 프로그램의 목적은 의도적으로 메모리 누수를 발생시키는 것이다. 폴더를 생성하고 V8 프로파일러를 설치하자.

```
$ mkdir leaky
$ cd leaky
$ npm install v8-profiler
```

모듈도 컴파일러를 필요로 한다는 것에 주의하자. 이제 같은 폴더 안에 leaky.js라는 파일을 생성해 다음의 내용을 작성해보자.

```javascript
require("v8-profiler");
var leakObject = null;
function MemoryLeak() {
  var originalObject = leakObject;
  leakObject = {
    longString : new Array(1000000).join("*"),
    someMethod : function () {
      console.log(originalObject);
    }
  };
};
setInterval(MemoryLeak, 1000);
```

이 프로그램을 이해하는 데 혼동이 따르지만, GC가 의도적으로 가비지 컬렉션되지 않도록 해 메모리 누수를 발생시켰다. 더 상세히 들여다보면, `leakObject`가 결과를 출력하는 함수로 재정의된 것을 볼 수 있다. 하지만 이를 참조하는 방법에서 GC가 좋지 않은 목적을 가지고 있음을 눈치채지 못하고 있다. 애플리케이션을 실행하면 초당 대량 100MB 정도씩 메모리가 줄어들어 금방 바닥나게 되고, 이제는 이를 쉽게 알아챌 수 있다. 디버그 설정을 켜고 다음과 같이 실행해보자.

```
$ node --debug leaky.js
```

그리고 이제 열어뒀던 웹 페이지로 돌아가서 Refresh를 클릭하고, Profiles 탭으로 이동한다. 그리고 나서 Take Heap Snapshot을 선택하고 Take Snapshot 버튼을 누르면 다음과 같은 화면을 볼 수 있다.

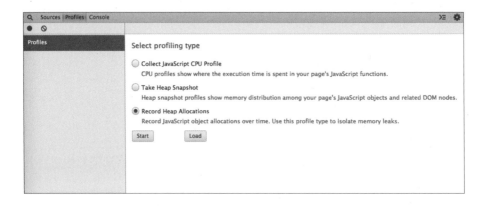

수 분 뒤에 버튼을 다시 누르자. 왼쪽 사이드바에 스냅샷들이 표시는데, 크기가 같지 않다는 점을 확인할 수 있다. 크기가 점점 커지는 것을 볼 수 있으며, 이는 GC에서 이상한 애플리케이션 때문에 메모리 누수를 일으키기 때문이다. 마지막 스냅샷과 첫 스냅샷을 비교하면 이에 대한 차이를 쉽게 발견할 수 있다.

힙의 크기와 새로운 객체에 대한 차이가 발생한 것을 확인할 수 있다. 이 차이가 양의 값을 갖는다는 것은 소멸된 객체의 수보다 생성된 객체의 수가 더 많다는 것을 의미한다.

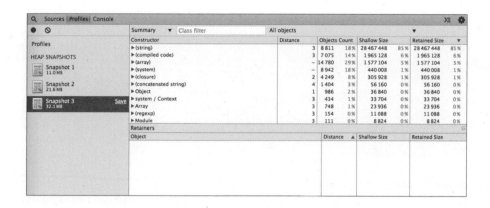

위 스크린샷을 보면, 인스펙터가 어떻게 스냅샷을 보여주는지 알 수 있다. 여기에는 생성자와 기본 객체들의 리스트가 있다. 여기에는 스냅샷3과 스냅샷1을 비교해 얼마나 많은 객체들이 생성되고 제거되는지뿐만 아니라 얼마나 많은 메모리들이 할당되고 할당 해제되는지 보여주는 열이 있다.

메모리 누수를 탐지하는 데 유용한 다른 방법은 객체 할당을 일정 기간 동안 기록하는 것이다. 인스펙터를 사용하기 위해 프로그램을 재시작하고, Profiles로 이동해 Record Heap Allocations를 선택한 후 Start 버튼을 누르면 다음과 같은 화면을 볼 수 있다.

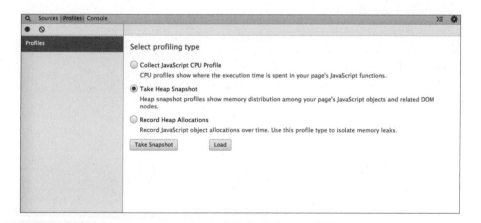

인스펙터는 기록을 시작하고, 기록을 멈추려면 왼쪽 상단의 빨간 원을 클릭한다. 타임라인이 점점 커지고 매 마이너 사이클에 대한 할당을 나타내는 바 차트를 볼 수

있다. 여기서 더 기다리면, 메이저 사이클이 발생하고 new 영역에서 old 영역으로의 객체 재할당이 발생하는 것도 볼 수 있다.

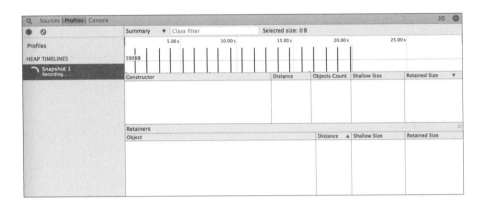

멈추고 나서 타임라인의 시작점을 클릭하고 드래그해 끝점을 정해주면, 구간을 볼수 있다. 여기서 구간 내의 할당뿐만 아니라 객체들도 볼 수 있다. 비교와 분석을 나중에 진행하기 위해 스냅샷을 저장할 수도 있다. 이 특별한 예제에서는 매초마다 메모리가 빨리 소비되고 있는 것을 볼 수 있다.

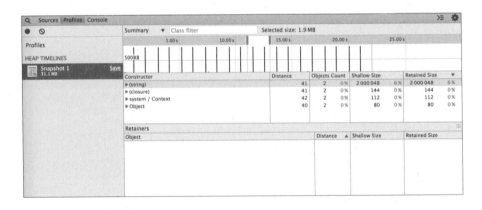

객체 목록을 클릭해 펼쳐보면 모든 객체에 대한 내용을 볼 수 있다. 특정 객체를 살펴보려면, 위에 있는 필터를 사용하자. 여기의 예제에서는 (string) 그룹을 열면, 프로그램에서 생성했던 ********와 같은 인스턴스들을 볼 수 있다.

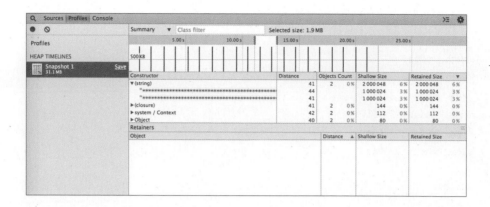

v8-profiler는 node-inspector로 디버깅하는 것 이상의 기능을 제공한다. 예를 들면, 코드의 스냅샷을 만들어서 이를 분석할 수 있고, 연속적으로 만들어 이를 저장해 이후 분석에 사용할 수 있다.

예를 들어, 이전의 프로그램을 생각해보면 주기적으로 스택에 얼마나 많은 노드들이 쌓이는지 확인할 수 있다.

```
var profiler = require("v8-profiler");
var leakObject = null;
function MemoryLeak() {
  var originalObject = leakObject;
  leakObject = {
    longString : new Array(1000000).join("*"),
    someMethod : function () {
      console.log(originalObject);
    }
  };
};
setInterval(MemoryLeak, 1000);
setInterval(function () {
  console.log("mem. nodes: %d", profiler.takeSnapshot().nodesCount);
}, 1000);
```

새로운 버전을 실행하면, 다음과 같은 출력을 확인할 수 있다. 이것으로 GC에도 객체가 살아남아 메모리가 누수되고 있음이 증명된다.

```
$ node --debug leaky.js
Debugger listening on port 5858
mem. nodes: 37293
mem. nodes: 37645
mem. nodes: 37951
mem. nodes: 37991
mem. nodes: 38004
mem. nodes: 38012
```

하지만 이는 단순한 예에 불과하다. 만약 실제 애플리케이션을 모니터링할 때 아무 것도 하지 않는 상태에서 시간이 지날수록 메모리 사용이 증가한다면, 나중에 분석해야 할 대상이 된다. 이때는 1등급 시민^{first-class citizens}이(또는 클래스가) 애플리케이션 스냅샷의 생성자 목록에 보인다.

Node.js 프로그램의 메모리와 가비지 컬렉션을 모니터링하고 분석할 수 있는 다른 모듈이 있다. heapdump 모듈은 힙 스냅샷의 모든 상황을 디스크에 저장할 수 있다. 스냅샷들은 동시에 발생한다는 것을 생각해보면, 힙의 크기가 큰 경우에는 프로그램이 잠시 멈출 수 있다.

이를 사용하기 위해서는 이전에 설치했던 다른 모듈과 마찬가지로 설치해주면 된다.

```
$ npm install heapdump
```

이제 사용할 프로그램을 고쳐보자. 다음의 프로그램은 디스크에 매분 스냅샷을 저장하도록 돼 있다. 이는 실제로 좋은 사용 예는 아니다. 하지만 디스크가 꽉 차는 것을 방지하기 위한 간단한 스크립트와 함께 매시간 스냅샷을 저장하는 것은 나쁜 생각은 아닐 듯하다.

```
var heapdump = require("heapdump");
setInterval(function () {
  heapdump.writeSnapshot("" + Date.now() + ".heapsnapshot");
}, 60000);
```

파일의 이름은 유닉스의 날짜를 밀리세컨드로 표기한 것이기 때문에 이름을 통해 해당 스냅샷의 날짜를 알 수 있다. 프로그램을 실행하고 최소한 한 장의 스냅샷을 디스크에 저장할 때까지 기다려보자. 여기서는 debug를 활성화(--debug)할 필요가 없다.

node-inspector를 터미널에서 아직도 실행 중이라면, 다시 웹 페이지로 돌아가고 이전과 마찬가지로 페이지 새로고침을 해주자.

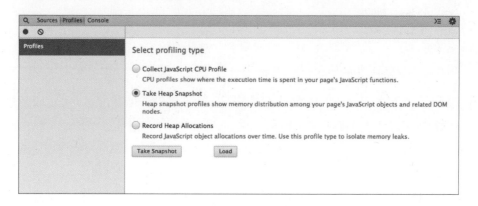

이번에는 Take Snapshot을 선택하는 대신 Load 버튼을 클릭해서 디스크에 저장된 스냅샷을 불러오자. 일반적으로 코드를 디버그 모드로 실행해 실시간으로 v8-인스펙터로 확인하지 않으므로 이러한 오프라인 방식은 더 유용하다. 또한 node-inspector는 프로그램이 멈추면 인터페이스가 재시작하므로 재시작 전에 스냅샷을 저장해줘야 한다.

메모리 누수가 발생하는 것을 인지하고 이를 재현할 수 있다면 이러한 방식을 적용할 수 있고, 이를 위해 모든 동작에 GC 추적 라인을 활성화하는 것으로 프로그램 실행에 약간의 변화를 줄 수 있다. 그러면 GC가 표시되고 정리하는 것을 볼 수 있다. 다음은 GC 동작을 모니터링하면 볼 수 있는 내용의 예다.

```
$ node --trace-gc leaky.js
[26503]        8 ms: Scavenge 1.9 (37.5) -> 1.8 (37.5) MB, 0.8 ms
[26503]        9 ms: Scavenge 1.9 (37.5) -> 1.9 (38.5) MB, 0.9 ms
[26503]       53 ms: Scavenge 3.6 (39.5) -> 3.2 (39.5) MB, 0.7 ms
[26503]      116 ms: Scavenge 5.1 (40.5) -> 4.1 (41.5) MB, 1.9 ms
[26503]      155 ms: Scavenge 5.9 (41.5) -> 4.4 (41.5) MB, 1.1 ms
[26503]     1227 ms: Scavenge 14.3 (50.1) -> 14.5 (50.1) MB, 0.8 ms (+ 1.6
```

```
ms in 1 steps since last GC) [allocation failure].
[26503]      1235 ms: Mark-sweep 14.6 (50.1) -> 5.4 (43.5) MB, 6.7 ms (+
1.6 ms in 1 steps since start of marking, biggest step 1.6 ms) [HeapSnaps
hotGenerator::GenerateSnapshot] [GC in old space requested].
```

내용을 명확하게 하기 위해 출력 내용의 일부는 잘라냈다. 26503이라는 숫자는 이 예제 프로그램의 프로세스 ID다. 각 추적 라인의 끝을 보면 동작이 발생한 시간과 실행에 소비된 시간을 알 수 있다. 또한 Scavenge와 Mark-sweep 동작을 보고 매 사이클마다 메모리 변화 상태도 볼 수 있다.

애플리케이션을 실행하는 데 위의 실행 명령어처럼 -trace-gc를 활성화하는 것은 바람직하지 않고, 선택한 아키텍처에서 잘 동작할 수 있는 방법을 생각해야 한다. 그러한 방법 중 하나는 heapdump를 사용해 정해진 시간에 매번 스냅샷을 생성하는 것이다. 그리고 저장된 스냅샷은 10개에서 20개 정도 유지하도록 한다. 이 방식을 사용하면, 가장 최근의 스냅샷과 이전의 스냅샷을 사용해 시간의 흐름에 따른 애플리케이션의 상태를 확인할 수 있다. 이런 식으로 가장 메모리 누수가 느린 곳과 빠른 곳을 찾아낼 수 있다. 빠른 곳에 대해서는 힙 할당을 기록해 누수를 빨리 멈추게 할 수 있다. 반면 느린 곳은 찾아내기가 더 어렵고, 매우 오랜 기간이 지나야 겨우 바뀐 부분에 대해 변경할 수 있다.

메모리 누수가 발생하는 지점을 찾기 위한 유용한 모듈로는 memwatch가 있다. 이 모듈은 힙 크기의 변화를 확인하고, 힙 크기가 지속적으로 증가하는 것이 발견되면 누수 이벤트를 내보낸다. 여기에는 또한 GC 사이클 정보에 대한 괜찮은 상태 이벤트들이 포함돼 있다.

다른 프로파일러나 인스펙터 대신 이 모듈을 사용하도록 프로그램을 변경해보자. 이 모듈은 프로파일러나 인스펙터를 필요로 하지 않는다. 심지어 디버그 모드로 실행할 필요도 없다. 우선 모듈을 다음처럼 설치하자.

```
$ npm install memwatch-next
```

그리고 이제 프로그램을 다음과 같이 변경하자.

```
var memwatch = require("memwatch-next");
var leakObject = null;
function MemoryLeak() {
  var originalObject = leakObject;
  leakObject = {
    longString : new Array(1000000).join("*"),
    someMethod : function () {
      console.log(originalObject);
    }
  };
};
setInterval(MemoryLeak, 1000);
memwatch.on("leak", function (info) {
console.log("GC leak detected: %d bytes growth", info.growth);
});
memwatch.on("stats", function (stats) {
  console.log("GC stats: %d cycles, %s bytes", stats.num_full_gc, stats.
current_base);
});
```

이제 프로그램을 시작하기만 하면 된다. 실행하고 나서 수 초 후에 다음의 출력과
비슷한 내용을 볼 수 있다.

```
$ node leaky.js
GC stats: 1 cycles, 13228416 bytes
GC stats: 2 cycles, 7509080 bytes
GC stats: 3 cycles, 7508408 bytes
GC stats: 4 cycles, 17317456 bytes
GC stats: 5 cycles, 23199080 bytes
GC stats: 6 cycles, 32201264 bytes
GC stats: 7 cycles, 45582232 bytes
GC leak detected: 40142200 bytes growth
```

GC 사이클이 자주 발생한 것을 볼 수 있는데, 이는 프로그램의 동작 때문이다. GC
는 힙의 변화를 빠르게 받아들여 사이클을 더 자주 발생시켰다. 메모리 누수를 발
생시키는 호출 간격을 5 초 이상으로 늘려주면, 사이클과 누수 발생을 보기 위해 더

많은 시간이 필요하게 된다.

memwatch 모듈은 GC 스윕과 콤팩트 이후의 힙 변화를 확인한다. 그래서 단순히 애플리케이션에서 메모리를 사용하는 것을 메모리 누수 발생으로 알려주지 않고, 단지 사용하고 나서 제대로 지워지지 않을 때 알려준다.

이 모듈의 다른 유용한 기능은 힙 스냅샷 비교다. 이러한 비교를 위한 모듈명은 정확히 말하자면 heapdiff다. 여기서는 모듈이 힙 스냅샷을 하나 만들고, 스냅샷을 다시 생성하기 위한 호출을 기다렸다가 비교한다. 비교 결과로서 전체 각 스냅샷에 대한 모든 객체들의 전후 변경 사항을 확인할 수 있다.

```
var memwatch = require("memwatch-next");
var heapdiff = new memwatch.HeapDiff();
var leakObject = null;
function MemoryLeak() {
  var originalObject = leakObject;
  leakObject = {
    longString : new Array(1000000).join("*"),
    someMethod : function () {
      console.log(originalObject);
    }
  };
};
setInterval(MemoryLeak, 1000);
setTimeout(function () {
  console.log(heapdiff.end());
}, 10000);
```

프로그램을 실행해보자. 그러고 나면 다음과 비슷한 출력 결과를 볼 수 있다.

```
$ node leaky.js
{ before: { nodes: 19524, size_bytes: 3131984, size: '2.99 mb' },
  after: { nodes: 21311, size_bytes: 12246992, size: '11.68 mb' },
  change:
   { size_bytes: 9115008,
     size: '8.69 mb',
     freed_nodes: 2201,
```

```
allocated_nodes: 3988,
details:
  [ [Object],
    [Object],
    [Object],
    [Object],
    ...
    [Object],
    [Object],
    [Object] ] } }
```

change.details 배열을 살펴보면 힙에서 생성자 목록이 변경된 것을 볼 수 있다. 스냅샷 사이에 메모리 누수가 발생한다면 이 아이템들 중 하나가 원인이다. 여기에서는 문자열 배열에서 누수가 발생하기 때문에 문자열 생성자가 원인이라 할 수 있다.

이러한 모듈의 유무와 관계없이 메모리 사용량의 증가는 분명하게 모니터링이 필요하다. 메모리 누수가 급증하면 전체 리소스가 부족하게 돼 클라이언트의 동작에 좋지 않은 영향을 준다. 부하가 많은 애플리케이션은 상품화에 들어가기 전에 스트레스 테스트를 통해 이러한 메모리 누수를 조기에 발견해야 한다.

서드파티 관리

애플리케이션을 더 작은 컴포넌트로 나누는 것을 고려한다면, 일부 객체나 조작을 위한 부분을 외부 서비스로 옮기는 것도 좋은 방법이다. 이런 서비스들은 특정 작업이나 객체 형태에 따라 최적화되기도 한다. 커다란 객체 구조를 조작하기 전에 이러한 서버들을 몇 가지 살펴보자.

- 키/밸류를 위한 memcached와 리스트, 집합, 해시 테이블을 위한 Redis
- 자바스크립트로 데이터 관련 작업을 수행하기 위한 MongoDB, 그리고 문서 내부의 문서와 같은 계층 엘리먼트나 데이터 타임아웃 같은 기능을 위한 ElasticSearch
- 다소 복잡한 맵/리듀스 코드가 필요한 경우에는 HBase, 그리고 이러한 코드의

경량화 버전인 Hypertable

- 그래프 데이터베이스가 필요하면 OrientDB, 큰 바이너리 데이터를 저장하기 위한 Riak

애플리케이션은 보통 메모리 위에서 동작하기 때문에 애플리케이션이 오동작으로 멈춘다면 사용되던 메모리가 소실돼 해당 데이터 역시 사용할 수 없게 된다. 외부 서비스를 사용해 데이터 조작과 같은 처리를 해준다면 메모리 사용량을 많이 줄일 수 있다. 게다가 이러한 서비스들로 동시에 접근하는 것도 가능해지므로 데이터 조작에 들어가는 수고를 애플리케이션이나 다른 도구의 인스턴스로 분산시킬 수 있다.

요약

가비지 컬렉션 작업은 결코 쉽지 않다. 하지만 자동 메모리 관리 방법은 확실히 좋은 기능이다. 애플리케이션의 성능을 중시한다면, 가비지 컬렉션 작업이 원활히 이뤄져야 한다. GC 사이클의 시간을 줄이려면 old 영역이 늘어나는 것을 방지해야 한다. 그렇지 않으면 애플리케이션이 수시로 멈춰, 때로는 서비스 자체가 재시작하는 일이 발생할 수도 있다. 매번 새로운 변수를 생성할 때는 메모리 사용 관련 동작을 잘 관찰해야 한다. 가장 확실한 방법은 메모리 스택의 힙 스냅샷을 수집해 V8 인스펙터나 비슷한 소프트웨어를 통해 분석하는 것이다. 인터페이스는 따로 설명할 필요가 없으며 메모리 누수는 섈로우shallow 크기와 유지된retained 크기, 참조 횟수를 정리하면 한눈에 알 수 있다. 하지만 메모리 사용량이 큰 애플리케이션을 작성하기 전에 데이터베이스의 사용을 고려해보는 것도 좋다. 관계형이든 아니든 데이터베이스의 사용은 개발 언어를 활용하지 않고서도 데이터를 편리하게 조작할 수 있도록 해준다. 자바스크립트는 연산 집중형 작업을 위해 디자인된 것이 아니라는 점을 명심해야 한다. 성능이 강조되는 작업을 수행하길 원한다면, 코드 분석과 개선을 위한 성능 측정이 필요하고 이를 통해 최적의 성능을 끌어내야 한다.

다음 장에서는 프로파일링에 대해 살펴본다. 프로파일링의 장점과 수행하기 위한 분석 도구들, 코드를 개선시키기 위해 결과를 확인하는 방법 등을 알아본다.

CPU 프로파일링

4

프로파일링은 지루한 작업이지만, 리소스 사용량을 측정할 때 소프트웨어를 사용해 분석한다. 리소스 사용량은 장시간 측정하거나 특정 작업 부하를 줘서 측정한다. 리소스는 애플리케이션이 사용하는 모든 것을 의미하며, 여기에는 메모리, 디스크, 네트워크, 프로세서들이 속한다. 더 세부적으로, CPU 프로파일링을 통해 함수가 얼마나 그리고 어떻게 프로세서를 사용하는지 확인할 수 있다. 또한 반대 상황으로 유휴 시간이라고 하는 프로세서를 사용하지 않는 시간도 분석할 수 있다.

Node.js는 기본적으로 CPU 집약적인 작업으로 간주되지 않기 때문에, 프로파일링을 수행할 때 프로세서를 점유하고 다른 작업들의 성능을 저해하는 집약적인 작업을 가진 메소드를 확인하는 것이 중요할 때가 있다. 이 과정에서 지속적으로 프로세서를 점유하고 기대 시간 이상으로 반복 작업을 수행하는 콜 스택을 발견할 수 있다. 프로파일링을 위해 이벤트 루프를 블록해 계속 수행하도록 하는 대신에 작업 태스크를 스케줄링하고 나누는 기법들을 사용할 수 있다.

이러한 작업들이 왜 그렇게 어려운지 의문이 생길 수도 있다. 간단히 답하자면, Node.js가 이벤트 루프를 통해 실행되기 때문이다. 다시 말해, 코드에서 특정 작업이 종료되고 나서야 이벤트 루프가 재시작해 다음에 수행할 이벤트를 처리할 수 있다. 따라서 코드가 종료되지 않는다면, 애플리케이션은 해당 코드가 종료되기 전까지 대기 상태로 유지된다. 그러므로 애플리케이션의 성능을 위해 큰 작업을 가능한 한 작게 나눠야 한다.

애플리케이션은 가능한 한 리소스를 적게 사용해야 하므로, 프로세서를 사용하는 시간을 최소화하는 것이 이상적이다. 이는 가능한 한 메인 스레드에서 유휴 상태로 최대한 많은 시간을 동작하도록 해야 한다는 의미가 된다. 이를 위해서는 가능한 한 콜 스택의 크기가 작아야 한다. Node.js의 기본적인 관점에서 콜 스택 레벨은 0이 돼야 한다.

프로세서를 프로파일링할 때 일반적으로 특정 주기로 콜 스택을 샘플링한 것을 사용해, 샘플링 주기 동안의 스택 변화(증가 혹은 감소)를 분석한다. 운영체제 프로파일러를 사용한다면, Node.js와 V8 내부에서 호출된 정보를 포함한 많은 내용을 볼 수 있다.

이번 4장에서는 다음의 주제를 다룬다.

- I/O 라이브러리
- 피보나치 수열
- 플레임flame[1] 그래프
- 프로파일링 대안

I/O 라이브러리

Node.js는 멀티 플랫폼 환경에서 비동기 I/O 명령을 사용하기 위해 libuv 오픈소스 라이브러리를 사용한다. Libuv 라이브러리는 Luvit, Lua처럼 다른 언어에 대해서도 비슷한 기능을 제공하기 위해 사용된다. Libuv는 크로스 플랫폼 라이브러리로, 각 플랫폼에서 I/O 성능을 최대로 발휘하면서 공통의 API를 제공하는 최선의 방식을 사용한다.

---

1 '불꽃'으로도 번역될 수 있지만, 직관적으로 이해 가능할 것으로 여겨져서 '플레임'이라는 표현을 선택했다.   옮긴이

Libuv 라이브러리는 네트워크 작업(TCP/UDP 소켓), DNS 요청, 파일시스템 명령 동작 등과 관련이 있어서 파일 접근, 디렉터리 내용 표시, 소켓 연결 리스닝, 자식 프로세스 실행이 가능하다. 다음의 그림을 통해 Node.js가 libuv를 V8과 같은 수준으로 사용하고 있음을 확인할 수 있다.

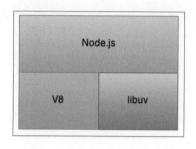

또한 I/O 작업에서 libuv가 V8에 의존성이 없음을 알 수 있다. libuv가 자체 스레드 풀이 있는 C 라이브러리이기 때문이다. 여기에서의 스레드 풀은 시간 소비가 큰 작업 스레드의 생성 및 소멸이 빈번히 일어나는 것을 방지하고 빠르게 동작한다. 이 라이브러리는 네크워크에서부터 파일시스템에 이르기까지 많은 I/O 작업을 처리하면서 Node.js에 fs, net, dns와 같은 API를 제공한다. 이벤트 루프 중에는 코드에서 I/O 데이터 요청을 할 수 있다. 요청이 처리되고 요청된 데이터의 일부 혹은 전체가 사용될 준비가 되면, 다음 이벤트 루프에서 처리될 수 있도록 이벤트를 발생시킨다. 다음 그림은 이 스레드 풀 동작을 나타낸다. 작성되는 코드는 이벤트 루프(녹색)에서 실행되고, libuv는 독립적인 스레드(파란색)에서 실행되며, 이벤트(노란색)를 발생시킨다.

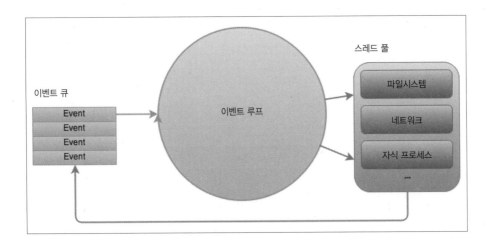

이 그림은 파일의 내용을 요청하고 많은 연산이 필요한 명령을 수행해도, 외부에서 파일 명령이 수행되므로 영향을 주지 못함을 보여준다. 따라서 Node.js는 단일 스레드지만, 스레드 풀의 독립적인 스레드에서 여러 개의 명령이 수행될 수 있다. 코드를 프로파일링할 때 Node.js 병목 구간과 libuv(I/O) 병목 구간, 그리고 시스템 병목 구간을 구분하기 위해 앞의 내용들을 반드시 기억해야 한다.

피보나치 수열

이제부터는 예제를 사용해 살펴보자. 하지만 모든 것을 그대로 다 받아들이지 않아도 된다. 예제는 일반적이면서도 논란의 여지가 있는, 피보나치 수열에 대한 것이다. fib.js 파일에서 요청 시 정해진 길이의 피보나치 수열 합으로 응답하는 간단한 HTTP 서버 파일을 만들어보자. 여기서는 기본적인 Node.js만 사용한다. 추가적으로, ab(Apache Benchmark를 의미) 명령어를 사용해 서버에 요청을 생성해보자. 데비안 기반의 환경이라면, apache2-utils를 설치해 이 명령어를 사용할 수 있다.

```
var http = require("http");
var server = http.createServer();
server.on("request", function (req, res) {
  var f = fibonacci(40);
  return res.end("" + f);
```

```
});
server.listen(3000);

function fibonacci(n) {
  return (n < 2 ? n : fibonacci(n - 1) + fibonacci(n - 2));
}
```

위 코드를 보면, fibonacci는 재귀 함수며 새로운 요청이 들어올 때마다 호출된다.
성능은 당연히 좋지 않다. 서버를 시작시키고 V8에 프로파일 로그를 보여주도록 명
령한다.

$ node --prof fib.js

이제 두 개의 커넥션을 통해 동시에 10개의 요청으로 벤치마킹을 수행하자. 다음의
출력은 이해를 돕기 위해 일부 내용은 생략했다.

```
$ ab -n 10 -c 2 http://localhost:3000/
This is ApacheBench, Version 2.3 <$Revision: 1604373 $>
(...)
Concurrency Level:      2
Time taken for tests:   18.851 seconds
Complete requests:      10
Failed requests:        0
(...)
Requests per second:    0.52 [#/sec] (mean)
Time per request:       3822.383 [ms] (mean)
(...)
```

결과를 보면 각 요청당 2초 정도가 소요돼 1초에 요청의 반이 처리된다. 예상대로,
그다지 좋은 결과는 아니다. 이제 서버를 멈추고, 같은 폴더에 isolate*.log 파일이
생성됐는지 확인하자. 이 파일은 V8 틱 프로세서^{Tick Processor}로 열면 된다. V8 틱 프
로세서는 온라인 버전(http://v8.googlecode.com/svn/trunk/tools/tick-processor.html)
을 사용해도 되고 노드의 소스 코드가 있다면 deps/v8/ tools/tick-processor.html
을 찾아보자.

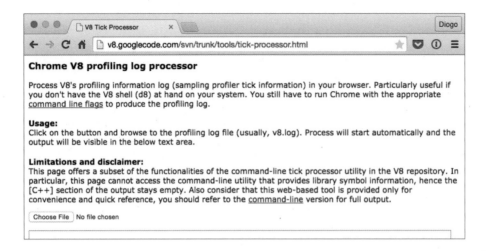

Choose File을 클릭하고 로그 파일을 선택한다. 이 툴에서 파일을 처리하면, 다음과 같이 반환되는 출력을 얻을 수 있다. 여기서도 일부 출력을 생략했다.

```
Statistical profiling result from null, (...).
(...)
[JavaScript]:
  ticks  total  nonlib   name
  14267  89.1%  100.0%  LazyCompile: *fibonacci fib.js:15:19
      1   0.0%    0.0%  Stub: reinitialize
(...)
[Bottom up (heavy) profile]:
(...)
  ticks parent  name
  14267  89.1%  LazyCompile: *fibonacci fib.js:15:19
  14267 100.0%    LazyCompile: *fibonacci fib.js:15:19
  14267 100.0%      LazyCompile: *fibonacci fib.js:15:19
  14267 100.0%        LazyCompile: *fibonacci fib.js:15:19
  14267 100.0%          LazyCompile: *fibonacci fib.js:15:19
```

여기서 보면, fibonacci 함수가 프로세서 대부분을 점유해 사용한다. 그리고 Bottom up (heavy) profile 부분의 재귀적인 패턴을 쉽게 확인할 수 있다. 함수가 재귀적으로 호출되므로 여러 단계로 들여쓰기돼 있는 것이 보이기 때문이다.

테스트를 수행할 때 이번 예와 같이 벤치마킹 수행 시간만큼 서버를 작동시켜야 하는 것을 기억하자. 수행 시간 이상으로 서버가 동작한다면, 함수 수행 시간과 유휴 시간이 구분하기 어려워진다.

이번 예제에서는 명령문 자체가 두 수를 더하는 동작으로 구현돼 매우 간단하므로, 코드를 더 나누는 것이 쉽지도 않고 효과적이지도 않다. 좀 다르게 생각하면, 코드를 수정해 명령문을 최적화하는 것은 가능해 보인다. 그러면 2장에서 설명했던 기법들을 사용해보자.

여기서 성능을 개선할 수 있는 좋은 방법은 기억^{memorizing} 기법의 사용이다. 먼저 기존의 함수를 감싸고, 인자에 기반한 결과 값을 캐싱하면 된다. 이로써 특정 값으로 호출된 결과는 캐싱돼 반복적으로 사용되므로, 이에 대한 함수는 한 번만 호출된다고 할 수 있다. 물론 모든 상황에 이 기법을 적용할 수는 없다. 이제 서버를 시작하고 결과를 확인해보자.

```
var http = require("http");
var server = http.createServer();
fibonacci = memoize(fibonacci);
server.on("request", function (req, res) {
  var f = fibonacci(40);
  return res.end("" + f);
});
server.listen(3000);
function fibonacci(n) {
  return (n < 2 ? n : fibonacci(n - 1) + fibonacci(n - 2));
}
function memoize(f) {
  var cache = {};
  return function memoized(n) {
    return cache[n] || (cache[n] = f(n));
  };
}
```

이런 결과를 얻기 위한 모듈도 이미 있다. 하지만 여기서는 memoize 함수를 추가하고 나서 memoized 함수를 추가해 기존 함수명(fibonacci)을 동일하게 사용하도록 덮어 쓰기했다. 함수가 재귀적으로 호출되기 때문에 덮어 쓰기가 필요하다는 점이 매우 중요하다.

모든 호출에 대해 캐싱되므로 최초 fibonacci(40) 호출만 캐시를 사용하지 않는다. 게다가 함수 내에서 n-1, n-2로 자신을 호출하기 때문에 호출 중 절반이 캐싱된다. 따라서 초기 호출 자체는 더 빠르게 처리될 수 있다. ab 테스트를 실행해보면, 이전과 비교해 매우 다른 결과를 볼 수 있다.

```
$ ab -n 10 -c 2 http://localhost:3000/
This is ApacheBench, Version 2.3 <$Revision: 1604373 $>
(...)
Concurrency Level:      2
Time taken for tests:   0.038 seconds
Complete requests:      10
Failed requests:        0
(...)
Requests per second:    263.86 [#/sec] (mean)
Time per request:       7.580 [ms] (mean)
(...)
```

이번에는 초당 250개 이상의 요청을 처리할 정도로 많이 향상됐다. 사실 이 예제는 요청을 수천 개로 늘리면, 시간당 처리할 수 있는 요청의 횟수가 더 많아지기 때문에 좋은 벤치마킹이라고 할 수는 없다. V8 틱 프로세서를 사용해봐도, 함수 호출은 더 확인되지 않는다.

```
(...)
[JavaScript]:
ticks  total  nonlib   name
   1    0.1%   12.5%   Stub: ToBooleanStub(Null,SpecObject)
   1    0.1%   12.5%   LoadMegamorphic: args_count: 0
   1    0.1%   12.5%   LazyCompile: ~httpSocketSetup _http_common...
   1    0.1%   12.5%   LazyCompile: ~exec native regexp.js:98:20
   1    0.1%   12.5%   LazyCompile: ~UseSparseVariant native array...
```

```
    1    0.1%    12.5%   LazyCompile: ADD native runtime.js:99:13
(...)
```

앞의 예제는 결과가 확실히 나쁘지만 단순한 예제다. 애플리케이션이 매우 다양하기 때문에 이를 분석하는 것은 이해하는 데 도움이 된다. 또한 개발 플랫폼을 사용하면 대상에 대한 지식의 집중이 용이하고 작업 시간을 줄이는 데 도움이 된다.

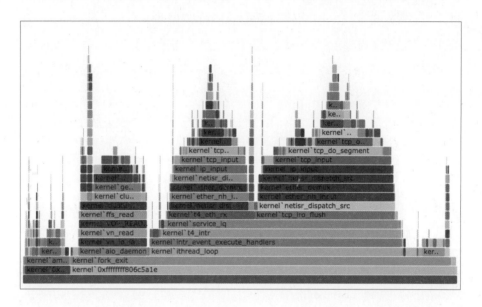

플레임 그래프

플레임flame 그래프는 빠르고 정확하게 가장 자주 사용되는 함수를 찾는 데 유용한 시각화 기법이다. 이 그래프는 간단한 프로파일링 방법을 제공하므로 이전의 문자 로그 출력을 대체하거나 보완할 수 있다.

플레임 그래프는 여러 개의 적층된 형태를 지닌 블록으로 구성돼 있고, 각 블록은 함수 호출을 의미한다. 일반적으로 수평 방향은 함수 수행 시간을 나타낸다. 어떤 함수가 다른 함수에 의해 호출된다면, 호출된 함수가 호출한 함수 위에 표시된다. 이러한 규칙으로, 위에 있는 블록이 수평 방향으로 아래의 블록보다 작다는 것을 발견할 수 있다. 이로 인해 그래프 모양을 불꽃(플레임)과 비슷하게 만들어준다. 심지어 색상도 붉은색이나 오렌지색 계통의 따뜻한 색을 쓰기 때문에 그래프는 더 불꽃과 비슷하게 보인다.

이 그래프는 메모리의 사용과 누수를 탐지하기 위한 목적으로 사용할 수 있다. 예를 들어, CPU가 어떻게 사용되는지 보기 위해 플레임 그래프를 생성할 수 있다. 다른 좋은 예로는 애플리케이션의 유휴 상태가 있으며, I/O가 매우 느릴 때 CPU와 메모리를 비교해볼 수 있다. 이때 애플리케이션이 디스크나 네트워크로부터 파일을 기다리는 동안 애플리케이션이 멈추는 것이 일반적인 상황이다. 이를 off-CPU라 하고 파란색과 녹색 계통의 차가운 색으로 표시한다. 앞의 두 가지 CPU 플레임 그래프를 함께 본다면 애플리케이션 동작을 이해하는 데 매우 도움이 된다.

Node.js에서 플레임 그래프를 생성하는 것은 쉽지 않고 시스템 환경에 따라 다르다.

V8이 perf_events를 지원하기 때문에(https://codereview.chromium.org/70013002) 리눅스 박스^{Linux box}의 perf 명령어와 perf_events를 사용하는 것과 같은 쉬운 방식을 선택할 수 있다. 하지만 DTrace(http://www.brendangregg.com/flamegraphs.html) 와 같은 대안을 사용할 수도 있다. 그럼 이와 관련된 내용을 지금부터 알아보자. 우분투^{Ubuntu} 환경이라면 몇 가지 필요한 패키지들을 설치해야 한다. 그중 몇 가지는 현재의 커널 버전에 대한 의존성이 존재한다.

```
$ sudo apt-get update
$ sudo apt-get install linux-tools-common linux-tools-`uname -r`
```

이제 노드 서버를 실행하고 V8이 perf_events 출력을 수행하도록 만들자. 이번에는 PID를 쉽게 확인하기 위해 백그라운드에서 실행하고, 이어서 perf를 실행한다.

```
$ node --perf-basic-prof fib.js &
[1] 30462
```

PID로 30462가 필요하다. perf를 실행해 이벤트를 1분간 수집한다. 이 명령어는 1분 동안 이벤트 리스닝을 한 후 종료되므로, 다른 콘솔 창을 열고 벤치마킹 명령어를 실행해야 한다.

```
$ perf record -F 99 -p 30462 -g -- sleep 60
# on another console..
$ ab -n 1000 http://localhost:3000/
```

perf 명령어는 콜 그래프(-g)를 활성화해 60초 동안 30462번 프로세스의 이벤트를 99Hz의 주기로 기록한다. 기록이 완료되면 명령어가 종료된다. 첫 번째 버전의 코드는 60초 이상이 걸릴 정도로 느리기 때문에 사용자가 1분 뒤에 종료해야 하지만, 두 번째 버전은 매우 빠르기 때문에 종료해줄 필요가 없다.

디렉터리를 보면 perf.data 파일이 생성된 것을 확인할 수 있다. perf를 사용해 파일을 읽어들여 추적 출력 결과를 표시할 수 있다. 이 결과를 사용해 플레임 그래프로 변환한다. 여기에서는 브렌던 그렉^{Brendan Gregg}이 만든 스택 추적 시각화 툴을 사용할 것이다. 최종 결과는 SGV 파일로 변환되므로 사용하는 브라우저로 결과 파일을 확인할 수 있다. 먼저 스택 추적의 출력 결과 파일부터 생성한다.

```
$ perf script > stack01.trace
```

이제 스택 추적 시각화 툴을 다운로드해 파일을 변환해보자. git을 사용해 툴을 다운로드한다.

```
$ git clone --depth 1 http://github.com/brendangregg/FlameGraph
$ ./FlameGraph/stackcollapse-perf.pl < stack01.trace | ./FlameGraph/
flamegraph.pl > stack01.svg
```

이제는 결과 확인이 가능한 stack01.svg 파일이 만들어졌다. 수평 블록을 클릭해 해당 단계를 확대해보거나 가장 아래의 블록을 클릭해 확대를 초기화할 수 있다. 첫 번째 버전 서버의 결과를 보면 다음과 비슷한 형태를 볼 수 있다.

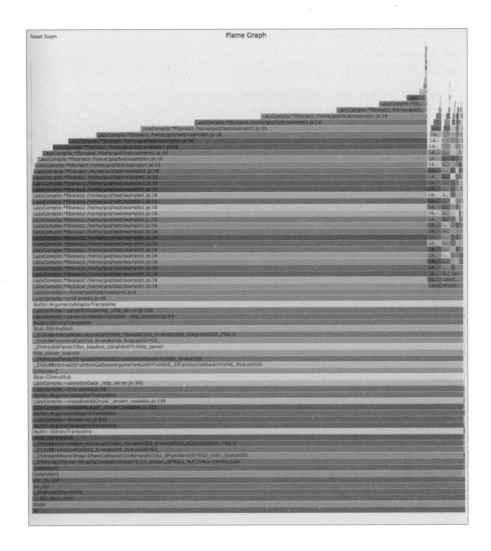

재귀적 패턴으로 불꽃 모양이 높게 올라온 것을 볼 수 있다. 초반의 큰 불꽃 모양이
보이고 다른 것들과 이어서 확인해볼 수 있다. 두 번째 불꽃 모양의 아랫부분을 클
릭하면 다음과 같은 모양을 볼 수 있다.

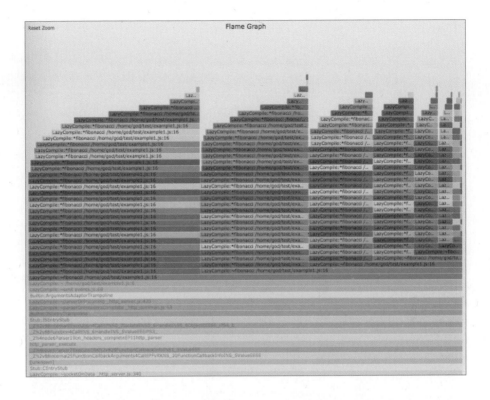

이제 비효율적인 재귀 함수로 인해 프로세서가 힘겨워하는 것이 명확하게 보인다. 플레임 그래프로 분석할 때는 로그 프로세서의 초기 출력에서 본 것과 같은 점유율 정보가 표시되므로 마지막 줄을 주의 깊게 봐야 한다.

두 번째 버전의 서버에서 유용한 정보를 보려면 벤치마킹의 작업량을 늘려야 한다. 다음의 단계를 통해 두 번째 버전에 대한 플레임 그래프를 생성해보자.

```
$ node --perf-basic-prof fib.js &
[1] 30611
$ perf record -F 99 -p 30611 -g -- sleep 60
# on another console..
$ ab -n 10000 http://localhost:3000/
$ perf script > stack02.trace
$ ./FlameGraph/stackcollapse-perf.pl < stack02.trace | ./FlameGraph/
flamegraph.pl > stack02.svg
```

이제 새로 생성된 SVG 파일을 브라우저로 열어보자. 불꽃 모양이 확연하게 가늘어진 것을 볼 수 있다. 이는 스택의 크기는 크지만 스택에서의 지속 시간이 매우 짧다는 것을 의미한다. 이런 모양이 정상에 가까운 형태라고 할 수 있다.

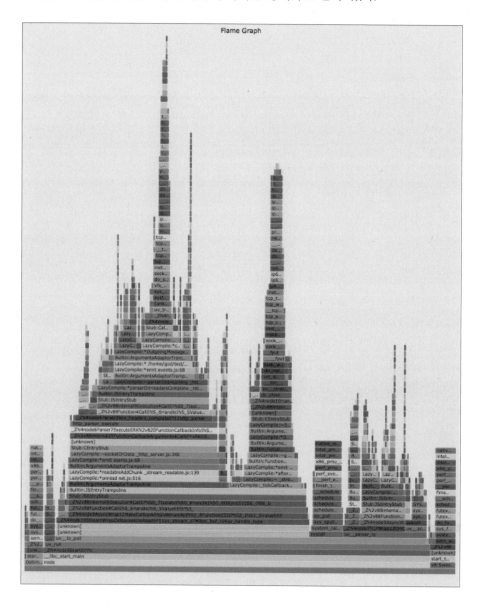

Node.js 자체가 메인 스레드에서 가장 많은 시간을 점유하기 때문에 그래프 가장 아래에서는 node나 main이 보인다. node나 main 위의 다른 줄들을 보자. 모든 적층된 줄은 아래의 줄에서 호출됐음을 의미한다. 불꽃 모양의 꼭대기에 이르러서야, 실제 자바스크립트 코드가 보이기 시작한다. 보이는 함수 호출의 대부분은 이벤트와 관련 있는 Node.js의 내부 함수이거나 libuv 작업과 관계 있는 것들이다.

 경험적으로 볼 때, 크고 넓은 형태의 플레임 그래프는 CPU가 지나치게 사용되고 있음을 의미한다. 이와 달리, 높고 얇은 형태의 플레임 그래프는 CPU 사용율이 낮음을 의미한다.

프로파일링 대안

운영체제에 의존성이 있는 애플리케이션의 프로세서 점유율을 프로파일링하기 위한 다른 방법들이 있다. 사용하는 시스템 환경에서 지원된다면, DTrace를 써볼 수도 있다. 하지만 리눅스 박스^{Linux box}를 사용하는 것은 권장하지 않는다. 더욱이 Illumos 기반의 시스템을 사용하지 않는다면, 그냥 못 들은 것으로 하고 넘어가자. 리눅스에서는 스택 로그를 사용해 플레임 그래프를 생성해주는 스택 디버깅 툴이 많이 있으므로 이를 사용한다.

Node.js에서도 프로파일링과 콜 스택 추적이 가능한 모듈이 있지만, 오히려 그 모듈들을 디버깅하는 것을 피하기 위해서라도 운영체제에서 직접 지원하는 방법을 사용하는 것을 추천한다. 이쪽이 더 빠르면서도 작성하는 코드에 영향을 덜 주며, 프로파일링하고자 하는 동작들에 대한 큰 그림을 보여준다. 시스템이 단순히 만들고자 하는 애플리케이션만을 의미하지 않으므로, 성능에 영향을 줄 수 있는 요인들이 얼마든지 애플리케이션 스택 범위 외에 있을 수 있다는 것을 명심해야 한다.

플레임 그래프를 다른 데이터에서도 사용할 수 있다. 예를 들면, 디바이스의 I/O calls나 syscalls를 추적할 수 있다. 특정 함수가 얼마나 오래, 그리고 언제 실행됐는지 보기 위해 필터를 적용할 수 있다. 또한 메모리 할당 내역도 추적할 수 있다.

그리고 할당에 대한 호출 정보를 모으는 대신에 할당된 크기 정보를 바이트 단위로 해서 모을 수도 있다. 애플리케이션 동작에 대한 시각적인 분석이 매우 유용하므로, 이런 형태의 그래프를 활용하는 다양한 방법들이 있다.

요약

최근의 개발 환경에서는 애플리케이션에서 프로세서와 메모리의 병목 구간을 탐지하기 위해 프로파일링을 수행 가능한 것이 매우 중요하다. 시스템은 복잡하고 여러 계층으로 나눠져 있으므로, 도구나 플레임 그래프 같은 시각화 기법 없이 프로세서 점유율이나 콜 스택을 분석하기는 매우 어렵다. 대체로 프로파일링을 수행하기에 앞서 우선적으로 코드의 품질에 초점을 맞춰야 한다.

예제에서 보여준 것과 마찬가지로, 서버에서 결과를 캐싱하는 간단하고 효율적인 솔루션이 있다. 캐싱은 리소스 사용의 균형 차원에서 보편적이며 중요하게 사용되는 기법이다. 일반적으로, 결과가 변경되지 않을 때 가용 메모리가 있다면 결과를 매번 처리하는 것보다는 짧은 시간 동안 결과를 캐싱하는 것이 좋다.

다음 5장에서는 데이터를 언제, 어떻게 사용하고 저장하는지 살펴본다. 그리고 얼마나 오랫동안 데이터 캐싱을 유지해야 하는지도 알아본다. 또한 몇 가지 캐싱 방법론의 장점과 단점을 살펴보며, 애플리케이션의 성능을 최대한으로 만들 수 있는 선택을 하기 위해 준비한다.

5
데이터와 캐시

데이터는 애플리케이션에서 가장 중요한 재산이며, 실제로 가장 기본적인 자산으로 사용된다. 애플리케이션은 어디서든 실행할 수 있지만, 데이터가 없다면 아무런 의미가 없다. 애플리케이션은 데이터를 사용해 정보를 만들고 활용할 수 있지만, 최종 사용자 단에서는 불가능하다. 당신의 애플리케이션이 데이터베이스를 사용하지 않고서는 동작하지 않는다면, 데이터베이스는 꼭 가져야 할 중요한 데이터를 가지고 있는 것이다.

애플리케이션 데이터는 매우 중요하다. 웹 애플리케이션에서는 사용자가 인터넷을 통해 데이터를 액세스하고, 데이터는 서버 측에 저장되며, 데이터의 중요성은 더욱 더 크다. 사용자가 점점 더 많아지고 데이터의 전체 크기가 증가할수록 데이터를 어떻게 저장하고 사용할지 계획하는 것은 더욱 중요해진다.

따라서 백업 계획을 수립하는 것을 잊어서는 안 된다. 사용자는 일주일 내의 데이터라 하더라도, 데이터를 유실하거나 원상태로 되돌리는 방법roll back이 없는 경우를 결코 원하지 않을 것이다. 설령 사용자가 약 일주일 이내의 데이터를 잃어버리는 것은 견딜 수 있을지 몰라도, 전체 데이터를 잃어버리는 상황은 받아들이기 어려울 것이다.

몇 가지 중요한 주제를 중심으로 데이터 저장 방법을 살펴보자.

- 과도한 I/O
- 데이터베이스 관리 시스템
- 데이터 캐싱과 동기 캐싱
- 클러스터링 데이터
- 데이터 액세스

데이터 저장

데이터를 저장하는 방법은 여러 가지다. 이 저장 방법은 데이터 타입에 따라 달라지며, 얼마만큼 크게 저장될지도 달라진다. 간단한 키/값 쌍으로 저장하고자 한다면, 사용자는 원하는 포맷의 파일을 사용할 수 있다(예를 들면, INI 또는 JSON 파일이다). 키/값 쌍의 크기가 1,000개 또는 100만 개로 증가한다면, 파일로 저장하는 것은 적어도 개발자 관점에서 볼 때 적합하지 않다.

다른 애플리케이션들이 있다고 가정해보자. 동일한 데이터를 이 애플리케이션들 전체 또는 일부에 저장하고자 할 때, 파일로 저장하는 방식을 사용하는 것이 나쁜 결정은 아니다. 모든 애플리케이션에 대해 최고의 도구를 일괄적으로 사용하거나 각각의 애플리케이션에 대해 풍부하지 않은 지식과 많은 도구를 적용할 수 있다. 그렇지만 그 대신에 차선의 좋은 도구를 선택할 수 있고, 여러 개의 애플리케이션에 대해서는 한 개 또는 두 개의 도구를 사용함으로써 하위 세트들에 대한 자세한 지식을 얻는 기회를 만들 수 있다.

과도한 I/O

맞춤형 솔루션을 사용할 때는 데이터를 어떻게 저장하고 사용할지 주의 깊게 계획해야 한다. 특히 언제 사용할지, 얼마나 많은 횟수로 사용할지 고민해야 한다. 호스트는 한계를 가지는 디스크를 사용하지만, 그 한계점에 도달하고 싶지는 않을 것이다. 필요할 때마다 매번 디스크에서 데이터를 읽는 것을 원하지도 않을 것이다. 애플리케이션은 로컬 테스트를 하는 동안에만 디스크를 사용하는데, 수천 명의 사용자를 대상으로 할 경우에는 디스크를 사용하면서 오류가 발생해 EBUSY 또는 EMFILE 에러들이 발생할 수 있다.

이와 관련된 전략 중 하나는 동작이 시작할 때부터 읽는 동작 매번마다 과도한 I/O 동작이 발생하지 않도록 하는 것이며, 메모리에서 사용할 때와 디스크로 저장할 때도 과도한 I/O가 발생하는 것을 피해야 한다. 데이터는 다양한 포맷으로 저장될 수 있으며, JSON이 가장 유명한 포맷이다. 이 포맷을 사용하면, 애플리케이션이 파일 또는 다른 매체에 단일 채널을 사용해 읽거나 쓰고자 할 때 불리한 점을 가지게 되며, 깨진 데이터를 얻을 수도 있다.

사용자는 자신만의 맞춤형 데이터 저장소를 만드는 대신에 데이터베이스 또는 다른 데이터 모델 서버를 사용한다. 데이터 저장소를 잘 활용해야 하며, 사용자의 애플리케이션에 맞게 사용해야 한다. 이러한 방법을 사용함으로써 얻는 장점은 다음과 같다.

- 데이터 저장소는 매우 적은 유지 보수 노력으로도 사용할 수 있다.
- 데이터 서버는 고성능 시나리오에 맞게 최적화된다.
- 데이터베이스 서버는 데이터를 가지는 하나 이상의 머신을 지원하고, 애플리케이션에서는 필요한 만큼의 크기로 확대해서 사용할 수 있다.

이 모든 것은 사용자가 사용하려는 시스템에 따라 달라질 수 있다. 따라서 사용하기 전에 시간을 투자해서 적합한 것을 선택하는 것이 좋다. 여기서는 확장성과 일관성에 대해 더 가치를 둔다. 속도는 측정하기가 어렵기도 하고 애플리케이션마다 다르며 사용자가 어떻게 사용하느냐에 따라 달라진다.

데이터베이스 관리 시스템

데이터베이스 관리 시스템^{DBMS, database management system}을 사용한다면, 사용자는 매우 편리하다고 느낄 수 있다. 실제로 제품 서비스를 하면서 사용하기 불편한 서버를 굳이 사용할 필요는 없으며, 혹시나 그것을 사용하더라도 나중에는 반드시 후회하게 된다. 제품 서비스를 하면서 DBMS를 사용할 때 사용자는 흔히 다음과 같은 편리함을 얻길 바란다.

- **관리**: 사용자가 자신의 애플리케이션 시나리오를 새로운 호스트에 많은 고려를 하지 않고서도 복제할 수 있다는 점은 매우 중요하다. 사용자는 저장소를 어떻게 초기화하고, 액세스를 어떻게 관리해야 하는지 알아야만 한다. (데스크톱과 웹에서) 비주얼 인터페이스를 살펴보고, 오직 콘솔을 통해서만 관리되는 방식은 피하자. 콘솔을 이용하는 방법은 복잡한 태스크에서는 일을 더 어렵게 만들어 실수가 발생하게 된다. 비주얼 인터페이스는 자동화 툴을 포함하고, 문법적 에러가 발생하는 것을 피하도록 해준다.
- **보안**: 기본적인 권한(퍼미션)에 대해 주의해야 한다. 특히 데이터 전체에 대한 사용 권한을 가지고 제어할 수 있는 로컬호스트^{localhost} 퍼미션에 대해서는 더 신경 써야 한다. 모든 사용자는 데이터를 유실하는 것을 원하지 않는다. 그렇지 않은가?
- **백업**: 사용자가 백업과 롤백 방법을 알며 스케줄링되고 자동화된 계획을 가지는 것은 중요하다. 다른 호스트상에서도 동작을 확인해봐야 한다. 사용자가 백업이 어떻게 잘못됐는지 찾기 위해 롤백하는 것을 원하지는 않을 것이다. cron[1]을 로컬 또는 리모트로 사용할 수 있도록 설치하고, 때때로 동작시켜 백업을 수행한다. 나는 제대로 동작하기 어려운 10개를 돌리는 것보다 오히려 한두 개의 백업을 하는 것을 더 선호한다.
- **구조적 측면**: 더 나은 저장 방법을 사용하기 위해 어떻게 구성하고 연관시킬지 알아야 한다. 빠른 액세스는 기본적으로 지원돼야 한다. 사용자는 나중에 데이터 구조 변경이 발생하는 것을 원하지 않는다.

---

1 작업 예약 명령 - 옮긴이

사용자가 선택한 데이터 구조는 DBMS 및 애플리케이션의 성능과 관련 있다. 따라서 데이터에 대해 기본적인 스케치를 그리고 데이터 엔트리가 각각 서로 간에 어떠한 연관 관계를 가지는지 살펴봐야 한다. 이러한 사항들은 데이터베이스의 여러 테이블을 사용할 때 공통적으로 고려하는 사항들이다. 결국 이러한 사항은 데이터베이스를 사용하는 이유 중 하나가 된다.

사용자가 생각하지 못하는 것은 기록^{history} 테이블 또는 비슷한 단일 테이블을 가지고 있다는 점이다. 시간이 지나면 지날수록 데이터베이스 공간 사용율에서 90퍼센트 이상을 차지하게 될 수도 있다. 이 테이블을 최적화하는 것은 매우 중요하며, 필요하지 않은 칼럼이 무엇인지 판단하고 다른 테이블로 이동시킬지 결정해야 한다. 이를 고려하고 나면, 나중에 아마 사용자들은 내게 고마워하게 될 것이다.

기록 테이블을 최적화하고 난 이후에도 사용자는 그 테이블이 커지는 것을 막을 수 없다. 그런데 동작 기록이 정말로 필요한 것일까? 그 기록을 월별로 또는 연도별로 서로 다른 포맷으로 데이터베이스에서 내보내야 할까? 데이터베이스가 점점 커지고 여러 개의 서버로 확장되는 것이 과연 좋은 일일까? 이러한 현상은 성능이라는 관점에서는 맞지 않는다.

이러한 문제점에 대해 가장 최선의 값이 무엇인지를 분석해야 한다. 무결성을 가져야 할까? 추가 보안 기술이 필요할까? 데이터베이스를 MongoDB와 같은 다른 서버로 분산시킬 계획을 가지고 있는가? 안정성이 검증된 서버를 사용해야 할까? 아니면, 새로운 기술을 선택해야 할까? 앞서 이미 말했던 것처럼, 두 번째로 좋은 방법을 선택해야 한다. 사용자가 자주 사용할 수 있어야 하며, 서로 다른 많은 기술로 인해 유지 보수가 어려운 상황은 피해야만 한다.

사용자의 데이터가 지금부터는 구조화돼야만 한다. 예를 들어, 달력 애플리케이션을 만든다고 가정하면 다수의 사용자, 달력, 이벤트 같은 엔트리들을 가진다. 기본적인 구조를 만들고 난 이후에는 사용자의 달력과 관련된 더 많은 구조(권한 접근 등), 사용자의 이벤트(참석자 정보 등)가 필요함을 알게 된다. 몇 번의 개발이 진행되고 난 이후에는 더 많은 것이 필요해진다.

사용자의 구조는 점점 커지며, 테이블은 더 많은 칼럼을 가지게 된다. 이때 사용자가 깨닫는 점은 병목 테이블$^{bottleneck\ table}$이 이벤트들을 가지고 있다는 것이다. 다행히도, 최적화하기에 너무 늦지는 않았다. 줄일 수 있는 공간이 남지 않았다면 다른 옵션을 생각해봐야 한다.

데이터 캐싱

캐싱은 일련의 정보들을 자주 요청하지만 변경은 없을 경우와 관련 있다. 예를 들면, 기록 값들이 이에 해당된다. 이 값들이 약간의 복잡성을 가지고 있지만, 데이터베이스에서 사용될 수 있으면 성능을 향상시키기에 좋은 방법이 된다. 심지어 기록 값이 아니고 변경될 수 있더라도, 때때로는 적어도 몇 분 동안 캐싱되는 것이 나쁘지 않을 수 있다.

몇몇의 복잡한 시스템에서 사용자는 캐싱이 애플리케이션과 데이터베이스 간에 2차 레벨의 추상화로서 사용될 수 있음을 발견할 수 있다. 즉 데이터는 캐시로부터 가져올 수 있고, 몇몇 사용자로부터 변경되면 캐싱된 데이터는 업데이트되고, 데이터베이스도 업데이트된다. 이는 캐시를 지우고 이미 알고 있는 데이터를 가져오기 위해 데이터베이스로 새롭게 요청하는 것보다 더 빠른 성능을 지원한다. 기본 애플리케이션에서 이러한 효과를 발견할 수 있다. 예를 들면, 세션 데이터를 다루는 애플리케이션이다.

몇몇 데이터베이스는 이러한 캐싱을 수행할 수 있지만, 일부 다른 데이터베이스들은 그렇지 못하므로 데이터베이스에만 의존할 수는 없다. 또한 다른 경우에는 데이터를 사용해야 하지만, 캐싱할 수 없는 경우도 있다. 또 다른 경우에는 다른 애플리케이션에 캐싱해야 한다고 전달할 필요가 있으며, 값을 저장하고 사용하기 위해 다른 키/값 서비스의 필요성을 알릴 수 있다. Redis 데이터베이스는 캐싱 서비스로 사용될 수 있으며 복잡한 구조, 트랜잭션, 생존 시간$^{time-to-live}$ 키와 같은 몇몇 멋진 특성을 지원한다.

캐시 로직은 다음과 같은 모습을 가진다.

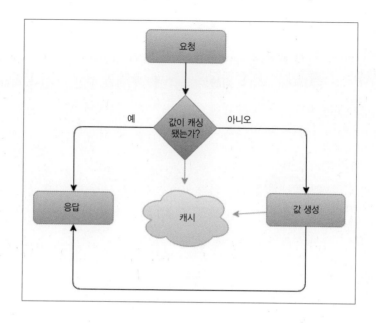

이 로직은 다양한 방법으로 사용될 수 있다. 메모리에서 캐시를 사용할 수 있고, 작은 크기의 세트에 대해 가장 빠른 캐싱을 지원할 수 있다. 캐시된 데이터가 가용 메모리를 넘어서면 파일을 사용할 수 있다. 이렇게 가용 메모리를 넘어가면, 예를 들어 이미지 또는 문서 섬네일을 만들고 캐싱할 때 저장하기 위한 최적의 장소는 디스크다.

사용자는 데이터 저장소를 다루는 서비스를 사용할 수 있으며, 사용자의 애플리케이션 로직에 집중할 수 있다. 단순하면서 가장 많이 사용되는 서비스 중 하나는 memcached와 Redis며, 각각은 장단점을 가지고 있다. 대부분의 경우에는 사용할 때 셋업이 거의 필요 없다.

비동기 캐싱

Node.js 애플리케이션을 만들 때 사용자는 비동기적인 동작을 고려해야 한다. 이는 일련의 도전일 수도 있으며, 몇 가지에 대해서는 아직 제대로 알지도 못한다. 가장 걱정되는 도전 내용은 비동기 캐싱^{Asynchronous caching}이다. 외부 서비스나 간단한 내부 함수를 사용할지 살펴보는 것은 중요하지 않지만, 비동기 파트는 온전히 당신이 결정해야 할 내용이고 불편함에 대해서는 감내해야 한다.

비동기 캐싱을 사용할 때의 문제점은 쉽게 발견되지 않는다. 부하^{load}는 높아지고, 많은 캐시 함수가 사용될 것이다. 이를 여기서 세세히 나타내기는 어렵다. 따라서 일부러 이렇게 만든 애플리케이션의 캐싱 상황과 관련된 예제를 한번 살펴보자.

```
var users = {};

function getUser(id, next) {
  if (users.hasOwnProperty(id)) {
    return next(null, users[id]);
  }

  userdb.findOne({ id: id }, function (err, user) {
    if (err) return next(err);

    users[id] = user;
    return next(null, user);
  });
}
```

이 코드는 불완전하지만, 몇 가지 아이디어를 얻을 수 있다. 사용자 값을 원할 때마다 getUser 함수를 호출한다. 이 함수는 여러 곳에서 값을 얻고(users.findOne은 ORM 에서 얻음), 얻은 값은 반환돼야 한다. 그리고 해시 테이블에 저장한 후, 만약 다시 요청을 받으면 즉시 반환 조치한다. 따라서 적합한 에러 핸들링이나 조치가 이뤄질 충분한 시간도 없고, 다음 번 문제도 해결하기 어렵다.

사용자가 값을 가져오는 것이 매우 빠르다고 가정해보자. 몇 초 정도의 시간이 걸린다고 생각하며, 그다음에는 이 값을 가져오는 함수가 매우 자주 호출된다고 가정해보자. 예를 들어, 사용자 값을 가져오는 작업이 네트워크에서 일시적인 지연^{hiccup} 동작 때문에 10초가 걸린다고 생각해보면, 값을 가져오는 함수는 100번쯤 호출될 것이다.

여기서는 캐시된 값이 없으므로 100번의 호출 중에서 한 번은 데이터베이스를 액세스하게 된다. 첫 번째 호출은 실제로 값을 읽어 캐싱하고, 나머지 99번의 호출은

이 캐시된 값을 사용한다. 사용자 값을 가져올 때 문제가 발생한다면, 호출 횟수를 누적하고 애플리케이션은 정지시킨다. 사용자 값을 가져오는 것이 꾸준히 발생하지 않을 수도 있으므로, 사용자 값을 제대로 가져올 수 있을 때까지 다음 번 호출이 동일 사용자 값을 사용하도록 대기하고 있어야 한다.

이러한 내용은 다음의 코드 구현과 같다. 다시 말하지만, 이는 간략화된 버전임을 주의한다.

```
var users = {};
function getUser(id, next) {
  if (users.hasOwnProperty(id)) {
    if (users[id].hasOwnProperty("data")) {
      // 이미 값을 가짐
      return next(null, users[id].data);
    }
    // 아직 값을 가지지 않음, 콜백을 큐에 넣는다
    return users[id].queue.push(next);
  }

  // 첫 번째
  users[id] = {
    queue: [ next ]
  };
  userdb.findOne({ id: id }, function (err, user) {
    if (err) return next(err);

    users[id].data = user;

    users[id].queue.map(function (cb) {
      cb(null, user);
    });

    delete users[id].queue;
  });
}
```

코드를 이해하는 데 시간이 좀 걸릴 수 있다. 알다시피, 이 코드는 위험을 내재하는 패러다임에 해당하지는 않는다. 일반적으로 개발자는 훈련돼 있긴 하지만, Node. js(다른 것일 수도 있다.)가 할당됐을 때 비동기 플랫폼에 대해서는 준비돼 있지 않다.

수년 동안 발견된 객체-관계형 매핑^{ORM, Object-relational mapping}이라 부르는 데이터베이스에 대한 추상화^{abstraction}를 얻기 위한 좋은 예제 코드들이 있다(그리고 지금도 개발되고 있다). 추상화를 통해 데이터베이스 타입(많을 수도 적을 수도 있음)을 변경하기 위한 새로운 레이어를 만들고, 애플리케이션이 동작하도록 해야 한다. 이러한 방법은 많은 애플리케이션에 대해 간단하지는 않으며, 성능을 향상시키기 위한 서버의 특수성을 피하고자 할 때 어려움을 겪을 수도 있다. 이러한 작은 장점을 가지는 반면, 액세스 속도가 떨어지고 애플리케이션은 약간 느려질 수 있다. 다른 장점도 있지만, 프로페셔널 시장에서 비즈니스 모델과 엔티티들을 당신의 코드에 직접 적용할 수 있다는 점이 특히 좋다.

일반적으로 기록 데이터와 큰 데이터 세트에서 ORM이 최적의 옵션은 아니다. 많은 ORM들이 각각의 아이템별로 추가적인 파워를 제공하지만, 이에 따른 비용도 함께 든다(속도와 메모리). 큰 데이터 세트에 대해서는 추가적인 파워를(속도가 빨라지며 메모리 비용도 함께 든다.) 얻을 수 있다. 새로운 레이어가 애플리케이션을 느리게 하지는 않는다는 것을 이해해야 한다. 데이터베이스에서 테이블에 큰 데이터 세트를 넣는 것이 준비되지 않았기 때문이다(여기서 크다는 의미는 GB 정도를 의미한다).

중간 레벨의 캐싱 방법을 제공하는 다른 서비스를 발견할 수도 있다. 정확히만 사용하면, 사용하고자 하는 특정 데이터를 가장 빨리 접근하게 해주는 성능을 갖출 수 있다. ØMQ와 RabbitMQ 같은 서비스는(둘 다 메시지 큐 서비스다.) 이러한 목적을 달성하고자 할 때 많은 관심을 둘 만하다. 데이터 저장 서버와 관련해 프록시로서 역할을 담당할 수 있으며, 크면서도 통일된^{unified} 저장 서버를 사용할 수 있다. 이러한 서비스들은 성능 기준에 맞으면서도, 목표로 하는 사용자 시나리오들(유스케이스) 중 하나가 될 수 있다.

서비스에 프록시로서의 역할을 수행하도록 추가하는 것은 애플리케이션 환경에 레이어를 더 추가하는 것과 같다. 작은 데이터 세트를 가지는 작은 시나리오에서 이는 오히려 부담이 될 수 있다. 그렇지만 큰 데이터 세트에서는(심지어 단일 저장 서버라 할지라도) 데이터 세트가 더욱 커지더라도 일정한 처리율throughput을 낼 수 있도록 유지시켜줄 수 있다.

데이터 클러스터링

다양한 호스트로 서비스를 확산하는 것은 필요한 작업이다. 애플리케이션의 데이터 세트가 점점 더 커지는 동안에 호스트의 리소스가 점점 더 부족해지는 것을 알 수 있고, 각 프로세서들에 대한 평균 부하는 점진적으로 증가된다. 따라서 처리 속도의 안정성을 유지하려면 호스트를 추가해야 하고, 데이터 세트 개수가 천천히 증가하도록 해야 한다.

호스트 한 개를 사용하는 방식에서 두 개를 사용하는 방식으로 변경되면, 관리하는 방식은 더 복잡해지고, 데이터베이스 서버, 데이터 클러스터링의 다른 타입에 대한 관리도 많이 신경 써야 한다. 많은 데이터베이스 서비스는 클러스터링과 복제를 지원한다. 다음의 그림은 서버에서 복제된 데이터베이스의 예며, 애플리케이션은 데이터베이스 인스턴스를 액세스할 수 있다.

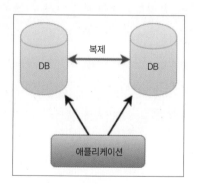

멀티마스터 복제 모드multimaster replication mode에서 데이터 세트는 두 개 이상의 호스트에 저장(또는 복제)되며, 데이터는 호스트를 통해 업데이트된다.

이러한 업데이트는 모든 호스트들에 걸쳐 데이터가 복제되며, 이 데이터들은 멤버라고 부른다. 여기서는 파티셔닝partitioning이 없기 때문에, 각각의 멤버는 클라이언트 요청에 대한 핸들링을 책임져야 한다.

이러한 동작에는 몇 가지 장점이 있다.

- 멤버 하나만 실패하지는 않는다. 각 멤버가 마스터가 될 수 있으며, 따라서 각 다른 멤버들도 저장을 실패할 수 있다.
- 호스트들은 지정학적으로 분산돼 있기 때문에 애플리케이션도 클라이언트에 맞춰 그 근처로 분산될 수 있다.

단점으로는 다음과 같은 사항들이 있다.

- 비동기 모드에서는 사용자 데이터가 다른 호스트로 복제되기 전에 네트워크에 문제가 발생할 수 있기 때문에 항상 연속성을 유지할 수 없다.
- 비동기 모드에서는 서버가 데이터가 복제될 때까지 사용자에 대해 의존성을 가지지는 않으므로 일정한 지연 시간을 가지며, 네트워크에 문제가 발생할 수 있다.

장점만 가지는 최고의 해결책은 없다. 그리고 성능 기준에 맞는 애플리케이션에 대해 사용자는 데이터를 좀 더 자세히 살펴봐야 한다. 데이터는 여러 타입의 서버로 쪼개져 처리돼야 하고, 고유 특징들을 활용해야 한다. 이전에 언급한 것과 같이 메시지 큐 서버는 데이터 일부를 관리하고자 할 때 최적의 선택이 될 수 있다.

사용자가 확장 복제할 수는 없으며, 각 서버 단에서 데이터는 동작 처리가 완료될 수 있다. 큰 데이터 세트에 대해 이러한 작업은 공간 낭비일 수 있지만, 모든 서버가 아니라 하나의 서버만을 고려하면 복제할 데이터는 진짜 작아질 수 있다. 그러면 백업할 수 있다.

 데이터 확장을 위해 클러스터링과 같은 더 나은 방식이 있을 수도 있고, 데이터가 파티션으로 나뉠 수도 있으며, 각 블록은 적어도 두 개의 호스트로 복제될 수도 있다. 이러한 사항들은 사용자 결정에 의해 이뤄진다. 모두 디스크에서의 RAID5를 사용할 때와 유사하며, 다만 쓰기-홀 현상은 존재하지 않는다(http://www.raidrecovery-guide.com/raid5-write-hole.aspx).

데이터 액세스

사용자의 애플리케이션은 모든 시나리오에 대비해야 한다. 가능성 있는 시나리오 중 하나는 데이터 클러스터링 내에서 언급한 다이어그램에서 보여줬다. 애플리케이션은 복제 멤버를 알며, 무작위로 또는 특정한 규칙을 가지고 사용할 수 있다. 실패에 대해 확인하고 제대로 핸들링하는지 확인하는 것은 애플리케이션 또는 데이터베이스 모듈에 따라 다르다. 다음의 그림은 어떻게 애플리케이션 인스턴스를 복제할 수 있는지, 그리고 애플리케이션에 중간 레벨의 액세스를 하기 위한 프록시를 어떻게 도입할 수 있는지 나타낸다.

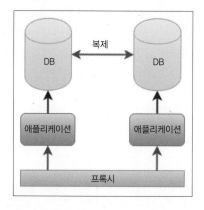

또 다른 가능한 시나리오는 복제 호스트 각각을 사용하는 애플리케이션의 인스턴스를 활용하는 경우며, 로컬호스트^{localhost}를 사용하는 경우까지도 포함된다. 이러한 방법으로, 애플리케이션은 로컬로 동작할 수 있다. 그러나 해결해야 할 두 가지 이슈가 있다.

- 역방향 프록시를 사용해 애플리케이션 인스턴스를 각 사용자에게 할당할 수 있다. 각 사용자는 지리적 위치 또는 애플리케이션 인스턴스 부하에 맞춰 할당된다.
- 프록시가 각 클라이언트의 동일 인스턴스에 대한 상시 액세스가 가능함을 보장하지 못할 경우에 애플리케이션은 무상태 시나리오에서도 동작할 수 있다.

애플리케이션이 데이터베이스에 저장된 데이터만을 필요로 하면, 위의 내용들은 모두 가능한 시나리오들이다. 그렇지만 애플리케이션이 파일시스템에 대해 의존성을 가지고 있고, 호스트 간에 동기화되지 않는다면 일부 시나리오는 해당되지 않는다.

GlusterFS가 이와 같은 경우에 해당된다. 만약 파일시스템이 필요하지 않거나 객체/블롭blob 저장소를 사용할 수 없다면, Ceph와 MongoDB가 좋은 대안이 될 수 있다. 매우 확장성이 좋은 데이터 저장 서버를 원한다면 Cassandra를 찾아봐야 하며, 다른 것은 생각하지 않는 편이 좋다. 애플리케이션을 Cassandra와 연동시켜 작업을 준비하면 후회하지 않을 것이다.

요약

데이터는 애플리케이션의 중요한 부분이며, 어떻게 구조화해야 할지 계획하는 것도 매우 중요한 일이다. 심지어 더 중요한 일은 애플리케이션이 많이 사용되게끔 하고 많은 데이터가 활용되도록 해주는 방법을 만드는 것이다. 가장 최근에 사용한 데이터에 대해 캐싱하는 것을 잊지 않아야 하며, 데이터 백업을 잊으면 안 된다. 복제와 클러스터링은 백업 방식이 아니다. 쓸데없이 시간이 남지 않도록 하면서 백업이 이뤄지도록 해야 한다. 사용자의 데이터가 얼마나 중요한지 잊지 말자.

다음 장에서는 테스트가 얼마나, 왜 중요한지, 그리고 어떻게 벤치마킹하고 결과를 해석하는지 살펴봄으로써 애플리케이션 성능 관련 주제를 계속 다룬다. 테스트를 위해서는 많은 노력이 필요하다. 이제 애플리케이션에서 고성능을 달성하기 위한 준비를 마쳤다. 상품화하기 이전에 전반적으로 테스트됐는지 확인해야 한다.

6

테스트, 벤치마킹, 분석

애플리케이션을 테스트하는 것은 개발만큼이나 중요하다. 테스트는 애플리케이션 모듈을 분석하는 과정이며, 애플리케이션이 개발자가 생각한 것처럼 동작하는지 확인한다. 테스트를 통해 비즈니스의 사용자 시나리오를 정의할 수 있고, 모두 개발 완료됐는지 확인할 수 있다.

현재 테스트를 위한 많은 기술들이 있다. 가장 유명한 것은 테스트 주도 개발[TDD, Test-driven Development] 방법론이다. 이 기술에서는 개발 사이클을 가능한 한 작게 유지한다. 각 사이클 간에 테스트가 수행되며, 개발 이전에 새로운 테스트와 사용자 시나리오가 추가된다. 이 방법을 사용하면, 애플리케이션에 대한 테스트가 지속적으로 이뤄지며 잘못된 버전은 빠르게 탐지 가능하다. 깃[Git]과 같은 버전 제어 시스템[version control system]을 사용하는 경우에는 테스트가 잘못된 원인을 쉽게 찾고 수정할 수 있다.

가장 하위 단부터의 테스트 수행에서는 필요한 사용자 시나리오와 테스트 케이스를 추가할 수 있다. 예를 들어 버그가 리포팅되고 이를 수정하기 위한 특별한 사용자 시나리오를 만든 경우라면, 버그가 다시 발생하는지 확인하고 테스트 시에 발생하지 않는지 확인해야 한다. 커뮤니티 주도의 프로젝트에서는 이러한 과정이 일상적이다. 또한 버그를 확인하고 이를 해결하기 위한 테스트 케이스를 추가하는 과정이 흔히 사용된다. 테스트 케이스에 대한 복제가 가능하면, 테스트 케이스를 만들 때도 복제할 수 있다.

우리는 테스트 플랫폼에 따라 애플리케이션을 벤치마킹할 수 있다. 일반적으로 테스트 플랫폼은 테스트마다의 기본 타임아웃으로 1, 2초의 길이를 가진다. 테스트가 문제없을 것으로 보이는 항목에 대해서는 이 타임아웃 시간을 줄일 수 있다. 반대로 더 긴 시간이 필요한 사용자 시나리오에 대해서는 타임아웃 시간을 늘릴 수 있다.

타임아웃을 가지는 플랫폼을 사용해 일관성이 있는 테스트를 할 수 있다. 일반적인 동작 환경을 가지는 평범한 플랫폼에서 테스트할 때에는 이러한 내용을 적용해보자. 매우 빠른 속도를 가지는 서버에 대해서는 테스트 벤치마킹을 정의하지 않아도 되고, 20년 된 컴퓨터에서는 그냥 넘어가도 된다.

테스트의 기본 사항

테스트는 다양한 방법으로 정의될 수 있다. 가장 일반적인 접근법은 단위 테스트^{unit test}다. 단위 테스트에서는 애플리케이션을 부분별로 쪼개서 각각이 스펙에 맞게 구현됐는지 확인한다. 이러한 접근법으로 애플리케이션의 각 세부 파트는 독립적이면서 교체 가능한 블랙박스 형태로 테스트할 수 있다.

애플리케이션을 테스트하기 위해서는 실제 데이터가 필요하다. 또한 비정상적인 데이터도 필요하다. 정상적인 데이터, 비정상적인 데이터, 혼합된 데이터, 이 모두가 예상된 대로 동작하는지 확인하기 위해 중요하다. 애플리케이션 테스트를 통해 잘못 가이드되거나 악의적인 사용자가 애플리케이션을 망가뜨리는 것을 방지할 수 있다.

지금까지의 내용을 보면, 비현실적인 데이터를 사용하는 경우에는 어떻게 대처해야 할지 헷갈린다. 애플리케이션에서는 날짜 필드에서 텍스트를 다루고 체크박스에서 숫자를 다루지 않을까? 빠진 데이터가 있으면 어떻게 될까? 이러한 동작에 대해 어떻게 될지 생각해볼 수 있는 기회를 가지게 되며, 많은 개발자가 그 기능을 사용할 경우를 가정해볼 수도 있다. 따라서 동작이 제대로 정지되지 않을 경우를 볼 수도 있다. 일반적인 버그 타입은 다른 장소에서 발생한 변경으로 인해 특정 지역에서 발생할 수 있다.

단위 테스트의 목표는 각 애플리케이션의 모듈을 완벽히 구분하고 독립적으로 테스트하는 것이다. 하나의 모듈이 제대로 동작하기 위해 애플리케이션의 다른 파트가 필요하다면, 하나의 예로 Sinon(http://sinonjs.org/)을 사용해 이를 거짓으로 꾸미거나 의존성을 모사해서 사용한다.

몇몇 테스트의 장점은 다음과 같다.

- 개발 단계에서 버그가 최대한 빨리 발견될 수 있다. 변경할 때마다 코드를 테스트할 수 있기 때문에 버그는 빨리 발견된다. 초기에 버그를 수정하는 비용은 상품화 단계에서 하는 것보다 전체 비용을 감소시킨다.
- 애플리케이션 아키텍트는 사용자 시나리오를 고려해야만 하므로, 개발자는 I/O 데이터와 에러를 생각하면서 개발할 수 있다. 여러 특성과 사용자 시나리오는 하나 이상의 테스트 케이스를 사용해 개발된다.
- 테스트 케이스를 통해 예상 동작이 제대로 이뤄지는지 확인하면서 모듈에 대한 변경이나 리팩토링을 할 수 있다.
- 각 모듈이 테스트될 수 있고 예상 동작이 무엇인지 알기 때문에 모듈 통합 테스트를 쉽게 할 수 있다.

이러한 모든 장점은 테스트가 정확히 정의되고 테스트가 전체 애플리케이션(모든 함수와 객체)을 커버할 때만 얻을 수 있다. 적절한 테스트 커버리지를 사용해 새로운 특징에 대한 특정 사용자 시나리오 또는 극단적인 경우의 케이스를 추가할 수 있다.

각 모듈들에 대한 테스트를 각각 떼어내는 것은 어렵다. 예를 들어, 모듈 중 하나가 데이터베이스가 필요하다고 할 경우 테스트 케이스에서는 데이터베이스에 접근하는 동작이 필요하다. 하지만 이런 경우는 좋은 예가 될 수 없다. 단위 테스트가 갑자기 통합 테스트^{integration test} 수준으로 되기 때문이다. 만약 이러한 케이스가 실패하는 경우라면, 문제점이 모듈에 있는지 데이터베이스에 있는지 말하기 어렵다.

테스트 환경

일관성이 있는 테스트 환경^{test environment}을 가지는 것도 중요하다. 테스트 환경은 상품화 환경과 동일하거나 매우 유사해야 한다. 이는 동일한 애플리케이션, 동일 운영체제 버전, 동일 데이터베이스 버전 등을 가져야 한다는 것을 의미한다.

예를 들면, Node.js에서 테스트한다고 할 때 테스트 환경은 동일한 Node.js 버전을 가져야 한다. 물론 다른 버전을 가지고 테스트할 수 있지만, 무엇보다도 상품화를 위한 버전과 꼭 맞춰봐야 한다. 이와 동일하게 운영체제 버전과 데이터베이스 서비스의 버전, 의존성 있는 다른 것들의 버전 등도 마찬가지다.

도커 툴

동일한 환경을 가지는 것이 쉽지 않지만, 리눅스 컨테이너에서 솔루션을 찾을 수 있다. 만약 도커^{Docker}를 사용하지 않았으면, 이를 고려해봐야 한다. 도커는 무료며 컨테이너를 사용할 수 있도록 해주는 툴이다.

Vagrant와는 큰 차이점을 가지며, 환경을 만들기 위해 가상 환경^{virtual machine}이 필요치 않다. 도커는 OpenVZ(https://openvz. org/Main_Page)와 비슷하지만 약간의 차이점을 가진다. 환경(컨테이너)을 만들 수도 있고, 다른 사람에게 공유할 수도 있다. NPM을 좋아한다면, 이와 비슷한 점을 찾을 수 있다. 버전과 의존성을 지원하고 있으며, 자주 사용되는 환경은 이미 온라인에서 제공되고 있으므로 다운로드해서 사용할 수도 있다.

컨테이너를 통해 테스트 환경을 만들 수 있고, 다른 개발자들에게 컨테이너를 배포할 수도 있다. 이는 상품화 시에도 적용된다. 개발자는 상품화용 데이터베이스의 스냅샷을 확보할 수 있고, 랩톱에서 완벽한 상품화 환경을 만들 수 있다. 이러한 방법을 통해 상품화에 들어가더라도 변경 사항들이 적용되고, 테스트도 이뤄질 수 있다. 이러한 환경을 마련하는 것은 상품화할 때나 롤백해야 할 때보다는 미리 하는 편이 더 좋다. 이러한 방법으로 롤백하는 횟수를 줄일 수 있다. 지금까지의 내용은 연속적인 통합 작업의 기본 원리라고 할 수 있다.

이제 Node.js 애플리케이션을 위한 간단한 환경을 만들어보자. 도커를 설치하고, 터미널을 실행해 다음 코드를 수행해보자.

```
$ docker pull node:0.12.4
Pulling repository node
4797dc6f7a9c: Download complete
...
6abd33745acb: Download complete
Status: Downloaded newer image for node:0.12.4
```

여기서 특정 버전을 써야 한다는 점을 잊지 말아야 하며, 이 경우에는 0.12.4 버전을 사용해야 한다. 애플리케이션이 외부 의존성과 노드 모듈을 가지지 않으면, 운영체제는 그리 중요하지 않다고 볼 수 있다. 이 명령어의 수행을 통해 이미지 템플릿을 다운로드할 수 있다. 하지만 아직까지 환경을 만들지는 않았다. 조만간 만들 것이다. 다운로드할 때의 용량은 수백 MB가 되지만, 그리 걱정할 것은 아니다. 이를 위한 공간만 충분히 확보하고 있으면 된다. 당신의 환경에서는 이 이미지만 사용한다.

다운로드된 이미지를 확인하고 싶으면, 다음과 같이 한다.

```
$ docker images
REPOSITORY        TAG       IMAGE ID        CREATED        VIRTUAL SIZE
node              0         4797dc6f7a9c    3 days ago     711.8 MB
node              0.12      4797dc6f7a9c    3 days ago     711.8 MB
node              latest    4797dc6f7a9c    3 days ago     711.8 MB
node              0.12.4    4797dc6f7a9c    3 days ago     711.8 MB
```

이미지 공간을 보면, 충분한 공간이 이미 존재한다. 좀 더 자세히 살펴보면, 하나의 이미지만 있는 것을 발견할 수 있다(IMAGE ID가 모두 동일하다). 이 책을 저술할 때 최신 버전은 0.12.4였다.

우리가 사용하는 이미지에는 최신 태그들이 포함돼 있다. 가장 최신 버전은 계속 나오며, 우리는 가장 최근 버전을 포함해 빌드하면 된다.

동작하는 컨테이너를 확인할 수 있으며 이전에 생성된 것도 볼 수 있다. 또한 더 이상 동작하지 않는 것도 볼 수 있다. 단순히 어떤 컨테이너가 동작 가능한지 확인할 수도 있지만, 저장 공간을 불필요하게 차지하는 죽은 컨테이너도 쉽게 찾을 수 있다. 따라서 지금은 컨테이너가 없을 수도 있다. 컨테이너가 동작하는지 확인하기 위해 이미지를 대상으로 테스트를 진행할 수 있다.

```
$ docker run -it node:0.12.4 bash
root@daa77af1b150:/# node -v
v0.12.4
root@daa77af1b150:/# npm -v
2.11.1
root@daa77af1b150:/# exit
```

이 이미지를 사용해 기본적인 환경을 갖출 수 있다. tty(-t)로 배시^{bash} 셸을 실행할 수 있고, 인터랙티브 모드(-i), 백그라운드(-d)로 동작시킬 수도 있다. 이미지 환경에서는 node, npm을 모두 가질 수 있다. 어떤 컨테이너를 가지는지 살펴보기 위해서는 다음과 같이 하면 된다.

```
$ docker ps -a
CONTAINER ID      IMAGE      COMMAND      CREATED ...
1a56bbeb3d36      node:0     "bash"       47 seconds ago ...
```

이 컨테이너에서는 1a56bbeb3d36이라는 고유 식별자를 가지며, 0번째 노드의 이미지를 사용한다. 배시 명령어로 동작하지만 지금은 동작하지 않으며, 따라서 다음 명령어로 삭제 가능하다.

```
$ docker rm 1a56bbeb3d36
```

ps 명령어를 사용했을 때 Exited (0) .. 라인을 볼 수 있을까? 이에 대해서는 '볼 수 있다.'가 정답이다. 명령어 라인에서 exit를 사용할 수 있으며, 배시에서 exit 123을 했을 때 컨테이너에서 빠져나오는 것을 볼 수 있다. 배시 대신에 테스트 명령어를 사용할 수 있고, exit 코드를 사용해 모든 테스트가 통과했는지 확인할 수 있다. 출력은 테스트가 실패하더라도 기록 가능하며 분석을 위해 저장할 수 있다.

테스트 툴

이제 테스트를 위해 환경을 복제하는 방법을 확보했고, 적절한 테스트 툴을 사용해 사용자 시나리오와 테스트 케이스를 정의할 수 있다. 테스트를 위한 매우 훌륭한 툴과 Node.js의 기능들이 있으며, 그중 일부는 정말 훌륭하다.

만약 별다른 아이디어가 없다면, mocha를(http://mochajs.org/) 사용해볼 것을 추천한다. 이 툴은 NPM에서 설치할 수 있고, 전역적 설치가 가능하다.

```
sudo npm install -g mocha
```

이렇게 하면 실제 애플리케이션에 대한 의존성이 아닌 개발/테스트 의존성을 제공하기 때문에 다시 재설치하는 노력을 기울이지 않더라도 컴퓨터에서 모든 애플리케이션에 대해 mocha를 사용할 수 있다. 전역적으로 설치하면, 사용자의 경로상에서 mocha 명령어를 사용할 수 있다.

간단히 두 개의 숫자를 더하는 함수를 가지는 module.js 모듈을 만들어보자.

```
// a와 b를 더하기
exports.add = function (a, b) {
  return a + b;
};
```

그러면 이제는 테스트 케이스를 만들 차례다. 이를 위해 test.js라는 다른 파일을 만든다.

```
var assert = require("assert");
var m = require("./module");

describe("module.add()", function () {
  it("should add two numbers", function () {
    assert.equal(m.add(2, 3), 5);
  });
});
```

위 코드에서 보다시피, 이 파일에서는 모듈을 로드하고 m.add로 두 개의 숫자를 더할 때 문제가 발생하는지 확인한다. 이러한 동작을 체크하기 위해 모듈에 2, 3을 인수로 전달했을 때 5가 반환되는지 확인하는 테스트 케이스를 추가해야 한다. 그러면 위의 두 파일을 가지는 폴더 위치에서 터미널을 열 수 있고, 인수 없이 mocha를 다음처럼 실행할 수 있다.

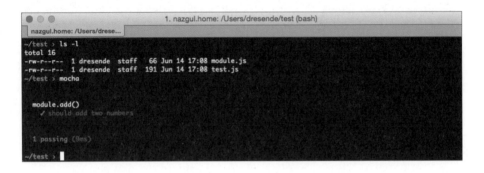

프로그레스progress, 리스트list, 도트 매트릭스dot matrix와 같은 리포터라는 이름의 출력 포맷이 있다. 간략한 출력을 원하면, 리스트 또는 프로그레스를 사용하면 된다. 각 테스트에 대해 자세한 출력을 원하면 스펙 리포터를 사용한다. 이는 이전 스크린샷에서 볼 수 있다.

다른 테스트를 함수에 추가해보자. 테스트 파일은 다음처럼 변경한다.

```
var assert = require("assert");
var m = require("./module");

describe("module.add()", function () {
  it("should add two numbers", function () {
    assert.equal(m.add(2, 3), 5);
  });
  it("should return null when one is not a number", function () {
    assert.equal(m.add(2, "a"), null);
  });
});
```

mocha를 다시 돌리면, 테스트 케이스 때문에 테스트 스위트test suite는 동작에 실패하게 되며, 이 과정에 대한 스크린샷 결과는 다음과 같다.

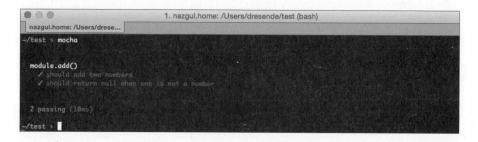

새로운 테스트에서는 제대로 수정해 모듈을 변경해야 한다. 모듈 변경은 개발자가 원할 때마다 할 수 있다. 다음의 예제를 살펴보자.

```
// a와 b를 더하기
exports.add = function (a, b) {
  if (isNaN(a) || isNaN(b)) {
    return null;
  }
  return a + b;
};
```

다시 실행해보면, 테스트는 통과하게 되고 다음의 스크린샷을 얻을 수 있다.

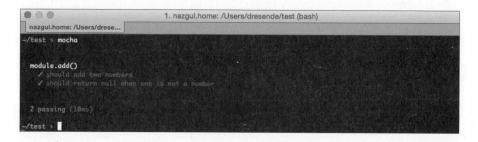

테스트를 직접 해보기보다는 우리가 가진 환경하에서 해봐야 한다. 이렇게 하는 방법은 애플리케이션이 깔끔한 환경에서 동작하는 것을 보장할 수 있지만, 로컬 환경

하에서는 무엇인가로 인해 테스트를 통과하지 못할 수 있다. 따라서 이러한 상황을 해결하기 위해 이전의 노드 이미지를 사용할 수 있다. 간단한 테스트 환경을 만들어 보자. 이 환경을 만들기 위해서는 테스트 폴더에 Dockerfile이라는 파일을 만들어야 한다.

```
FROM node:0.12.4

RUN npm install -g mocha

VOLUME /opt/app/
```

Dockerfile은 환경에 대한 정보를 나타낸다. 파일은 다음과 같은 내용을 가지고 있다.

- 사용하는 노드 이미지 버전은 0.12.4다.
- mocha 의존성을 설치한다.
- /opt/app에 링크 가능한 볼륨을 만든다.

이제 우리의 환경을 만들었고, env/test에서 호출해본다. 다른 이미지에 기반하지만, 새로운 이미지를 만들 수 있다. 링크 가능한 볼륨은 환경을 동작시킬 때 지정할 수 있는 폴더다. 이러한 방법으로 모든 애플리케이션에 대한 이미지를 사용할 수 있다. 환경을 만들기 위해서는 다음과 같은 수행이 필요하다.

```
$ Sending build context to Docker daemon 11.26 kB
Sending build context to Docker daemon
Step 0 : FROM node:0.12.4
 ---> 4797dc6f7a9c
Step 1 : RUN npm install -g mocha
 ---> Running in 286c8bb64a2b
...
Removing intermediate container 26fd9bb79ed5
Successfully built e36af32c961c
```

이제 우리가 사용할 수 있는 이미지를 가지게 됐다. mocha를 사용해 이미지에 대한 테스트를 해보자.

명령어 라인을 통해 자세한 것을 살펴보기 위해서는 도커에 대한 온라인 문서를 살펴보면 된다. 바이너리는 /opt/app에서 실행시키며 /opt/app 볼륨은 Node.js 파일이 있는 폴더 위치다(실행시킬 때 -v 옵션을 포함한다). 테스트 환경은 인터랙티브 모드(-it)로 동작하고, 결과 이미지는 마지막에서 삭제된다(-rm).

중앙 코드 저장소central code repository를 가지고 있다면, 일반적인 실수를 방지하기 위해 커밋commit을 수행하기 전에 테스트해보는 것은 좋은 방법이 될 수 있다. 잘못된 사항을 수정하고 업데이트하기 위해 변경하는 것은 일반적인 업무며, 개발자는 테스트가 제대로 동작하도록 해야 한다. 이를 위한 환경 구성은 다음의 그림과 같다.

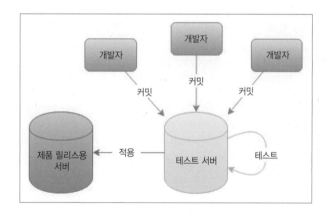

지속적 통합

지속적 통합CI, continuous integration을 사용하면, 모든 애플리케이션 개발자가 변경 사항을 중앙 저장소에 지속적으로 반영할 수 있다. 지속적 통합은 익스트림 프로그래밍XP, extreme programming에서 사용된다. 코드의 머지 시간을 줄여줌으로써 코드 충돌이 발생하는 것을 방지하고, 새로운 기능들이 빨리 적용될 수 있도록 해준다.

애플리케이션이 좋은 테스트 스위트를 가진다면, 개발자는 복제된 상용화 환경과 테스트 환경에서 로컬로 변경 사항을 테스트할 수 있고, 그 결과로 테스트를 통과하면 바로 커밋할 수 있다. 그렇다고 해서 이러한 테스트 방법이 서버에서의 테스트를 완벽히 대치할 수 있는 것은 아니다. 그렇지만 서버에서의 테스트는 실제로 일부 커밋이 통과되지 않을 수 있으므로 추천하지는 않는다. 일반적으로 모든 커밋을 수용해야 하고, 그다음에 테스트를 진행한다. 테스트 결과는 커밋을 관리하는 차원에서 코드의 구조를 어떻게 만들었는지, 커밋을 어떻게 했는지 알기 위해 개발자들 내에서는 공유돼야 한다.

다음과 같이 CI를 잘 활용하는 네 가지 경우가 있다.

- 코드 저장소를 가지고 버전 관리 시스템을 사용한다.
- 각 커밋은 검증돼야 하며 모든 테스트를 통과한다.
- 상용화 환경으로부터 테스트 환경을 분리한다.
- 자동화 적용automate deployment이 돼야 한다.

이러한 워크플로우workflow를 달성하기 위해서는 깃을 사용하면 된다. 깃을 사용해 커밋과 머지에 대한 후크hook를 정의할 수 있고, 중앙 저장소에 대해 각각의 새로운 커밋을 테스트하기 위한 후크를 추가할 수 있다. 커밋이 통과되면, 상용화 시에도 사용할 수 있다.

다양한 방법 중 하나는 상용화를 위해 모든 테스트를 통과한 가장 최근 커밋에 적용하는 것이다. 이렇게 되면 매번 커밋은 통과할 것이고, 특정한 경우에도 통과할 수 있다. 간단한 애플리케이션의 경우에는 이 방법을 적용할 수 있다. 그러나 사용자가 많은 경우에는 위험성(리스크)이 커진다. 테스트가 이뤄지는 기반은 실제로 좋은 상황이며, 적어도 커밋 변경 로그를 보거나 읽을 때는 문제가 없게 된다. 하지만 사용자들이 알아야 하는 몇 가지 위험성은 다음과 같이 존재한다.

- 테스트를 위한 베이스base는 모든 코드를 커버cover하지 못한다. 코드 중 일부는 테스트되지 않을 수도 있으며, 따라서 테스트 동자에 대한 불확실성이 존재한다. 이러한 경우에는 가능한 한 많은 코드를 커버하도록 노력해야만 한다.

- 테스트를 위한 베이스는 모든 사용자 시나리오를 커버하지 못할 수 있다. 모든 사용자 시나리오가 테스트에서 기술되지 않으면, 코드에서 테스트되지 않는다. 따라서 테스트가 수행될 수는 있지만, 아직도 불안한 점은 남는다. 그러므로 모든 사용자 시나리오를 사용해야 한다.

- 쉽게 표현하거나 재현하기에 어려운 테스트 케이스들이 있다. 이러한 테스트들은 피하도록 하며, 테스트 케이스에 밀착돼 진행돼야 한다. 그렇지 않으면, 애플리케이션은 상용화되기 이전에 변경될 수 있다.

애플리케이션은 상용화 데이터베이스에 맞춰 테스트해야 하며, 상용화를 생각하지 않는 사용자의 최종 백업 또는 복제 데이터베이스에 대해서도 테스트해야 한다.

데이터 크기는 항상 애플리케이션의 성능에 영향을 미친다. 만약 간단한 사용자 시나리오를 가지고 모듈 테스트를 하고자 한다면, 부하가 얼마 걸리지는 않는다. 그렇지만 이따금 상용화 데이터는 처음에는 예상치 못한 다른 모듈과의 관계성을 가지고 있을 수 있다. 개발자의 코드에서 의존성을 알 수 없다고 생각하겠지만, 이는 잘못된 생각이다.

예를 들면, 어떤 엘리먼트의 부모를 정의한 계층 구조를 생각해보자. 그 자손은 다른 엘리먼트의 부모가 될 수 있다. 세 단계 아래의 자손이 조상의 부모가 될 수 있을까? 만약 이렇게 된다면, 원하지 않은 루프가 만들어지게 되며 이 루프를 제어해야 한다. 심지어 애플리케이션이 이 루프를 우선 보여주진 않더라도, 이 루프의 오동작으로부터 잘못된 동작이 발생하는 것을 막아주는 코드를 고려해야 한다.

코드 커버리지

테스트에 의해 커버되는 모든 코드는 진짜로 모두 테스트됨을 보장해야 하거나, 적어도 모든 항목이 작성되기는 해야 한다. 물론 이는 쉬운 작업이 아니다. 코드 내의 조건문과 루프는 여러 가지 케이스의 로그를 만들고, 동작 경로를 가진다. 몇몇 코드는 매우 특정한 상황에서만 동작된다. 따라서 이 특정 상황은 반드시 테스트돼야 한다.

코드 커버리지는 당신의 코드 중 테스트 스위트에서 얼마나 다뤄졌는지 나타내는 측정 지표metric다. 측정 지표가 높을수록 애플리케이션은 테스트를 많이 거친 것이며, 버그가 발생할 확률이 낮음을 의미한다. 이러한 측정 지표는 퍼센트 단위로 주어지며, 50퍼센트가 의미하는 것은 테스트 스위트에 의해 당신의 전체 코드 중 반만 커버된다는 의미다.

이 측정 지표 값을 보기 위해 많은 툴의 도움을 얻을 수 있다. 툴을 사용하지 않으면, 계산하기 어렵다. Node.js 환경에서는 툴이 코드의 복제본을 만들고, 그 내부의 중요 코드 라인들을 변경해 라인 실행 횟수를 계산한다. 중요 코드 라인은 실제 동작을 위한 코드를 말하며, 주석문이나 비어있는 라인은 해당하지 않는다.

이러한 계산을 제공하는 온라인 서비스도 있다. 당신 애플리케이션의 라이선스 또는 예산에 따라 테스트 환경을 로컬로 준비할 수도 있다. 로컬 테스트 환경 구성은 보기만큼 간단한 작업은 아니다. 코드에 인스트루먼트할 방법이 있어야 하며, 이는 복사 작업하에서 이뤄져야 한다. 그리고 커버리지 측정 지표를 모으는 동안에 테스트를 수행하고, 그다음에 보고서를 만든다.

Node.js에서는 시도해볼 만한 여러 가지 툴들이 있다. 최고의 마법 툴은 없지만, 애플리케이션에 최적인 것을 발견할 수는 있다. 적용 가능한 가장 적합한 툴로는 istanbul이 있다. 작은 크기의 테스트 예제를 대상으로 한번 적용해보자. 적용하기 약간 까다롭지만, 실제 애플리케이션에 대해서는 이 과정을 자동화할 수 있다. 의존성을 설치해보면서 자동화 과정을 시작해보자.

```
sudo npm install -g istanbul mocha-istanbul
```

mocha-istanbul 의존성은 로컬로 설치될 수 있다. istanbul Node.js 모듈은 명령어를 사용해야 하므로 전역 특성을 가진다. 이제 코드에 인스트루먼트[instrument]를 해보자. 우선 인스트루먼트된 복사본을 만들어본다.

istanbul instrument module.js > instrumented.js

인스트루먼트된 버전을 사용하기 위해서는 테스트 스위트를 변경해야 한다.

```
var assert = require("assert");
var m = require("./instrumented");

describe("module.add()", function () {
  it("should add two numbers", function () {
    assert.equal(m.add(2, 3), 5);
  });

  it("should return null when one is not a number", function () {
    assert.equal(m.add(2, "a"), null);
  });
});
```

istanbul 리포터를 사용해 우리의 테스트 스위트를 실행한다. 실행을 위해서는 리포터 파라미터를 가지고 mocha를 동작시킨다.

mocha -reporter mocha-istanbul test.js

테스트에 대한 자세한 설명을 보여주는 대신, 여기서는 코드에 얼마나 많은 라인들이 있으며 함수들이 인스트루먼트됐는지와 테스트 스위트에 의해 커버되는지 보여주는 리포트를 살펴보자. 리포트의 결과를 살펴보기 위한 예제는 다음과 같다.

html-report 폴더 안에는 index.html 페이지가 있어야 한다. 테스트 커버리지를 분석하기 위해서는 브라우저로 오픈해 값을 볼 수 있다. 다음의 스크린샷과 유사한 페이지를 볼 수 있다.

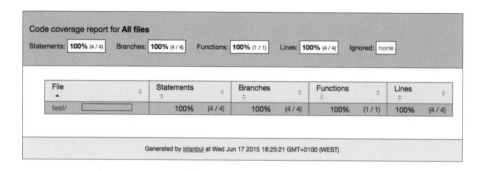

이제 테스트 폴더를 볼 수 있고, 그 내부에서 원본 모듈을 발견할 수 있다. 이를 클릭하면 커버리지 리포트를 볼 수 있다. 각각의 중요한 라인들에서는(괄호로 끝나는 라인들은 무시하면 된다.) 관련된 숫자를 볼 수 있다. 이 숫자는 테스트하는 동안 실행할 횟수와 통과한 횟수를 나타낸다. 이번 경우에는 첫 번째와 두 번째 칼럼이 녹색 바탕색을 가진다. 오직 두 개의 테스트만을 가지고 있으며, 왜 그런 색을 가지는지는 이해하기 쉬울 것이다.

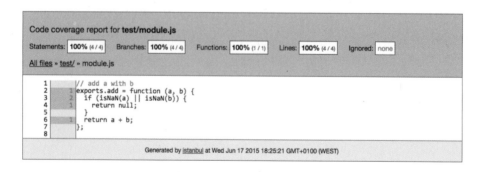

벤치마킹 테스트

벤치마킹은 과거의 테스트나 다른 툴을 사용해 특정 성능 측정 지표를 비교하기 위해 일련의 여러 툴들을 사용하는 과정이다. 애플리케이션에 대해 가장 일반적으로 사용하는 벤치마킹 테스트는 두 개의 유사한 측정 지표와 연관돼 있다. 하나는 동작 '시간'이고, 다른 하나는 특정 시간 동안의 '동작'이다.

애플리케이션 성능을 유지 보수하기 위해서는 지속적으로 벤치마킹해야 한다. 확실한 방법 중 하나는 테스트 스위트를 사용하는 것이고, 다른 하나는 벤치마킹을 목적으로 하는 특별한 테스트를 사용하는 것이다. 일반적인 사용자 시나리오를 확인한 후 특정 타깃 시간 동안에 어떤 동작을 계속 수행할 수 있는지 보증하는 특정 테스트를 가질 수 있다.

벤치마킹을 한다고 해서 잠도 자지 않으면서 할 필요는 없다. 대부분의 애플리케이션을 개발하는 동안에는 비교용 통계 값을 가지지도 않으며, 어떤 벤치마킹 테스트를 할지 정하지도 않는다.

기록 리스트와 같은 간단한 벤치마킹 리스트를 사용해 100밀리초 동안의 마킹이 이뤄지는 동안에는 벤치마킹이 수행되지 않음을 볼 수 있다. 그리고 좀 더 복잡한 인터페이스를 만들었을 때는 모든 렌더링 동작이 잘 동작하는 것을 확인할 수 있다. 단순한 태스크에 대해 0.5초 이상 대기해야 한다거나, 좀 더 복잡한 태스크에 대해 1초 또는 2초 이상의 시간 동안 대기해야 한다면 사람들은 스트레스를 받게 된다.

따라서 벤치마킹들은 상용화 데이터 복사본을 사용하거나, 너무 크면 그중 하위 세트만을 가져와서 사용한다. 따라서 벤치마킹에서 적합한 데이터양을 사용하는 것을 확인할 수 있고, 개인 랩톱과 같은 테스트 환경에서는 너무 작은 데이터 세트가 사용되지 않도록 할 수 있다. 테스트에서 상용 데이터를 가지고 수행할 수 있지만, 추천하지는 않는다.

예를 들면, 이전 테스트 프레임워크를 사용해 mocha는 각 테스트가 2초 이내로 수행되도록 한다. 특정 테스트에 대해서는 기본 타임아웃을 변경할 수 있다. 새로운 테스트 파일인 timeout.js를 가지고 타임아웃을 변경해보자.

```
describe("timeout", function () {
  this.timeout(100); // 밀리초

  it("will fail", function (done) {
    // done()을 호출해야 하며, 타임아웃이 실패함
  });
});
```

비동기 테스트를 만들어보자. 테스트가 완료됐을 때 테스트 함수 내에서 참조된 함수가 호출된다. 이 경우에 특별히 호출되지 않으면 동작 결과는 실패다. 이를 실행해보면 다음 그림과 같다.

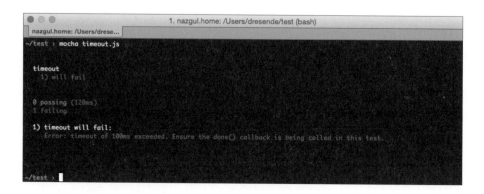

성능이 중요한 테스트에서 타임아웃을 사용하는 것은 좋은 방법이다. 일반적인 타임아웃은 일상 테스트에서 잘 사용되며, 특정 테스트를 분석해 일정 시간 내에 동작하는지 확인한다.

타임아웃은 성능 제한을 걸거나 애플리케이션이 너무 복잡하거나 테스트 데이터가 너무 큰 경우의 성능을 확인하고자 할 때 사용하는 방법이다. 5장에서 보듯이, 환경을 살펴보고자 할 때와 다음 단계를 분석하고자 할 때가 이에 해당된다.

mocha와 같은 테스트 스위트는 테스트를 보충 가능한 정보를 제공할 수 있으며, 애플리케이션 동작에 대한 더 나은 방향을 다음과 같이 제공할 수 있다.

• 테스트 시간이 얼마인지 알려준다. 심지어 테스트가 벤치마킹 테스트가 아니더라도 알려주며, 첫 번째로 테스트를 만들고 측정 지표를 살펴보고 타임아웃 마

크를 정의한다.

- 테스트 리포트를 제공한다. 품질 보증 보고서를 위해 사용될 수 있으며, 추후의 분석 또는 비교를 위해 리포트는 저장될 수 있다.

특히 Node.js 애플리케이션에 대해 mocha는 다음과 같은 기능을 제공할 수 있다.

- 메모리 누수 탐지(테스트 이전/이후의 전역 변수를 관찰한다.)
- 비정상적 예외 상황 탐지(원인이 되는 테스트를 살핀다.)
- 끊김 없는 비동기 지원
- Node.js 디버거 지원
- 브라우저 지원

테스트 분석

테스트 스위트는 매우 중요한 항목이다. 가장 중요한 것은 애플리케이션 전체를 테스트한다는 점이고, 가능한 한 많이 테스트돼야 한다. 초기 테스트 환경을 만드는 것은 일종의 도전이며, 애플리케이션 개발과 같은 수준의 노력이 들어가야 한다.

적절한 테스트를 수행하기 위해서는 다음을 고려해야 한다.

- 새로운 기능에서 이전 버그는 다시 발생되지 않는다. 소스 코드를 건드리지 않거나 데이터베이스를 변경하지 않고서도 테스트는 이뤄질 수 있다.
- 먼저 테스트 케이스를 정의함으로써 사용자 시나리오를 정의할 수 있다(더 자세한 내용은 https://en.wikipedia.org/wiki/Test-driven_development를 살펴보자).
- 애플리케이션을 변경하고, 예상대로 동작하는지 쉽게 확인할 수 있다.
- 테스트 커버리지를 체크하고, 어떻게 변경됐는지 살펴볼 수 있다.
- 새롭게 발견된 버그에 대한 특정 테스트를 만들고, 다시 나타나지 않도록 보장할 수 있다.
- 특정한 측정 지표하에서 벤치마킹 테스트가 동작함을 확인한다.

적절한 테스트 스위트를 가지는 것은 매번 변경되는 애플리케이션을 테스트할 품질 보증 인력을 가지는 것과 비슷하다. 게다가 품질 보증 인력은 정확하지도 않으며 테스트 스위트처럼 빠르지도 않다.

애플리케이션 개발에 많은 인력이 참여하고 있는 경우라면 테스트 진행 결과가 성공적이고 테스트 커버리지가 90퍼센트 이상의 값을 가지도록 할 수 있다. 커버리지 테스트가 자동이라면, 상용화를 위한 새로운 기능을 추가하기 위한 조건으로 커버리지 측정 지표를 사용할 수 있다.

개발 그룹 사이클에서 테스트는 일반적인 것이며, 모두가 다른 사람들의 작업도 볼 수 있다. 적어도 그룹 내에서는 다른 개발자들에 대한 평판이 오픈돼 있으므로, 이는 더 잘 작업이 이뤄질 수 있도록 유도하는 모티브가 될 수 있다.

더 많은 사람들이 테스트를 살펴보면, 개발자들은 경험을 공유할 수 있고 잘못된 테스트를 해결하는 데 필요한 도움을 요청할 수 있다. 이는 문제점을 해결하는 데 드는 시간을 줄여주고, 개발자로 하여금 테스트 스위트를 지속적으로 유지할 수 있게 해준다. 테스트 스위트 사용은 실패한 테스트 기록을 깨끗이 할 수 있는 지속적인 목표가 될 수 있다.

요약

고성능의 훌륭한 애플리케이션은 어떻게 잘 동작하는지에 대한 모든 내용을 포함하고 있다. 완전한 테스트 스위트는 개발 시 동작에 어떠한 문제가 없다는 것을 보장할 수 있으며, 성능 향상을 위한 빠른 변경 사항들을 적용할 수 있다. 테스트 스위트는 벤치마킹 분석을 위한 특별한 테스트를 가지며, 빠듯한 시간 제한을 가진다. 개발자는 이러한 내용에 대해 알고 있으며, 제약 사항들을 더 늘리지 않으면서 테스트를 통과시키기 위해 많은 노력을 기울여야 한다.

우리는 상용화를 위한 측정 지표로서 테스트 스위트를 사용한다. 테스트 스위트가 적어도 90퍼센트의 커버리지를 가지고 모든 벤치마킹 테스트를 통과하는 애플리케이션을 커버하고 있다면, 새로운 사항을 추가하고 검증할 수 있다. 새로운 추가 테스트를 위한 별도의 서버를 사용하고 상용화용 테스트와 섞지 않도록 하자. 상용화용 서버는 일정한 상태를 유시하고 빠른 성능을 지원해야 하며, 이렇게 지속적으로 유지해야 할 경우에는 테스트 스위트를 변경할 수도 있다.

다음 장에서는 성능을 저하시키는 병목 한계 상태와 이러한 상태에 대해 아무것도 할 수 없는 상황을 살펴볼 수 있다. 이러한 상황을 대비하기 위해서는 많은 노력을 해야 하며, 필요하다면 대비 순서를 조정해야 한다. 네트워크, 서버, 클라이언트는 병목을 일으키는 요인 중 일부가 될 수 있다. 개발자는 병목 구간을 제어하고 최소화해야 하며, 추가적인 다른 동작도 취해야 한다. 따라서 이를 위한 대비를 해야만 한다.

7

병목 현상

이전 장에서 봤듯이, 많은 엘리먼트들이 성능에 영향을 미친다. 심지어 개발 과정에서 성능 저하 모니터링 방법에 영향을 미칠 수도 있다. 엘리먼트 사용 패턴은 작은 크기의 개발에서는 그다지 차이가 없겠지만, 엘리먼트 적용 이후에는 각각의 좋지 않은 선택에 따라 후회하는 경우도 생길 수 있다.

호스트는 가장 중요한 성능 고려 팩터다. 프로세서가 특정 태스크에서 어떻게 동작하는지는 중요한 고려 요소다. 그리고 가용 메모리양은 얼마나 많은 사용자 데이터가 로컬 디스크 같은 곳에서 빠른 위치에 저장될 것인지, 아니면 느린 위치에 저장될 것인지에 대해 영향을 미친다.

데이터 캐싱도 중요한 사항이다. 일부 중간 성능의 저장소를 사용해 데이터 접근을 가속화하기 위한 기술은 빠른 성능을 요하는 애플리케이션에 환상을 제공할 수 있는 속도를 제공한다. 환상과 같은 빠른 성능을 제공하는 것이 이상해 보일 수도 있지만, 성능 극대화를 원한다면 그런 성능을 내는 것은 매우 중요한 일이다.

위의 모든 것이 다 중요하다. 최적화된 디자인 패턴을 만들기 위해 해결해야 할 사항들도 많지만, 이와 동시에 통과하지 못할 한계 사항들도 같이 존재한다. 이러한 한계점들 중 일부는 우리의 범위 밖에 있으며 제어할 수도 없다. 그 외에는 충분한 예산, 시간이 있고 최소화할 수 있으며 반드시 필요한 작업이다. 이러한 내용들을 학습해서 알게 되면, 애플리케이션과 관련된 것들이 어떻게 동작하는지, 성능을 어떻게 향상시킬 수 있는지에 대한 큰 그림을 그릴 수 있다.

호스트 단의 제약

애플리케이션이 서버 단에 있는 경우에는 여러 성능 제약 사항이 따른다. 호스트에는 두 가지 타입의 제약 사항이 있는데, 바로 하드웨어 제약과 소프트웨어 제약이다. 하드웨어 제약은 발견하기 쉽다. 애플리케이션은 지속적으로 동작하기 위해 모든 메모리를 다 사용하고 디스크까지 사용한다. 적절한 방법으로 호스트 업그레이드에 의해 더 많은 메모리가 추가될 수 있으며, 물리적 메모리든 가상 메모리든 간에 추가되면 성능 측면에서 좋다.

Node.js 애플리케이션에서 소프트웨어의 메모리 제약은 V8에 의해 발생한다. 따라서 메모리 뱅크를 업그레이드할 때 이를 고려해야만 한다. 32비트 환경에서는 대략 3.5GB가 한계점이며, 64비트 환경에서는 메모리가 더 업그레이드돼야 한다. 애플리케이션은 기본값으로 1GB라는 V8의 메모리 제약 사항을 가지고 동작할 것이다. 따라서 다음 명령어와 비슷한 방법을 사용해 메모리 제약을 완화시키고 나서 애플리케이션을 시작해야 한다.

```
$ node --max_old_space_size 4000 application
```

이로써 4GB의 메모리 제약을 가지고 application.js를 실행한다. 실제로 이는 추천할 만한 방법이 아니다. 태스크에 적합하지 않은 디자인 패턴을 선택했고, 애플리케이션은 작은 서비스에 맞춰 메모리를 쪼갠 후 적용하려 할 것이다.

상용화 환경에 맞춰 제대로 제어하지 못할 때는 여러 제약 사항들을 같이 살펴봐야 하며, 의존성이 있는 소프트웨어 설치 작업이나 보안 및 성능 관련 이슈를 해결하기 위한 라이브러리의 업그레이드가 불가능한지 살펴봐야 한다. 만약 맨 윗단부터 아랫단까지 살펴봤을 때 환경 제어가 제대로 되지 않는다면, 메모리 제약을 무턱대고 늘려서는 안 된다.

운영체제와 데이터베이스 서버는 올바른 사용을 위해 미리 정의된 값을 사용한다. 이는 일반적인 사용자를 위한 것이며, 파워 유저에게는 불충분할 수 있다.

간단한 예로, 각 프로세스에 대한 오픈 파일 서술자open file descriptor의 최대 개수를 들 수 있다. 소켓이 파일 서술자가 되며 기본적으로 1024 한계 값을 사용하면 최대 1,000개의 오픈된 클라이언트와 연결될 수 있다는 것을 의미한다. 이러한 내용은 리눅스 머신을 대상으로 하며 OS X를 사용하는 사용자에게 이러한 내용은 잘못된 시나리오일 수 있다.

이러한 제약 사항과 유사하게 리눅스에서는 애플리케이션에 영향을 줄 수 있는 다른 제약 관련 내용을 살펴볼 수 있다. 매뉴얼을 살펴보고, 어떤 옵션을 사용할 수 있는지 살펴본다. 다음은 리눅스 시스템에서 볼 수 있는 제약 사항과 기본값의 예다.

```
$ ulimit -a
core file size          (blocks, -c) 0
data seg size           (kbytes, -d) unlimited
scheduling priority            (-e) 0
file size               (blocks, -f) unlimited
pending signals                (-i) 31692
max locked memory       (kbytes, -l) 64
max memory size         (kbytes, -m)
unlimited open files           (-n) 1024
pipe size          (512 bytes, -p) 8
POSIX message queues      (bytes, -q) 819200
real-time priority             (-r) 0
stack size              (kbytes, -s) 8192
cpu time              (seconds, -t) unlimited
max user processes             (-u) 31692
virtual memory          (kbytes, -v) unlimited
file locks                     (-x) unlimited
```

애플리케이션을 변경하고 최적화하기 위한 여러 가지 메소드와 옵션들이 있는데, 여기서는 커널 파라미터에 대해 이야기한다. 명령어 sysctl을 사용해 커널 파라미터를 변경하고 확인할 수 있다.

파일시스템, 네트워크 타이밍, 라우팅, 가상 메모리 동작과 프로세서 스케줄링, 프로세서의 태스크 문제 발생 시의 반응 동작과 같은 커널에 대한 최적화 부분을 가질 수 있다.

작은 리스트를 통해 옵션의 일부분이 어떻게 돼 있는지 살펴볼 수 있다.

```
$ sysctl -a | tail
vm.overcommit_ratio = 50
vm.page-cluster = 3
vm.panic_on_oom = 0
vm.percpu_pagelist_fraction = 0
vm.scan_unevictable_pages = 0
vm.stat_interval = 1
vm.swappiness = 60
vm.user_reserve_kbytes = 131072
vm.vfs_cache_pressure = 100
vm.zone_reclaim_mode = 0
```

앞서 말한 것처럼, 운영체제는 사용자 시나리오(유스케이스)에 완전히 최적화돼 있을 수 없다. 보통의 서비스는 성능을 목표로 하지 않는 간단한 기본 설정을 사용한다.

MySQL 데이터베이스 서버는 innodb_flush_log_at_trx_commit과 같은 약간 특이한 설정 파라미터를 사용한다. 이 값은 기본값으로 1로 설정돼 있다. 이 파라미터가 설정되면, 각각의 트랜잭션은 디스크로 플러시flush[1]된다. 이 플러시는 트랜잭션을 저장하기 위해 수행된다. 초당 트랜잭션 100개를 지원한다고 하면, 초당 100회의 플러시가 일어나 디스크에 발열과 함께 성능 저하가 발생한다.

따라서 설정을 2로 변경하면, 디스크 플러시는 2초당 1회 발생한다. 이 설정은 ACID(https://en.wikipedia.org/wiki/ACID) 호환성을 보장하지는 못하지만 추후에는 만족할 수 있다. 성능을 위해서는 어느 정도의 비용이 필요하지만, 이 경우에는 무정전 소비 전력 공급이 필요하다.

---

1 서상 상치의 내용을 비우는 작업을 말한다. – 옮긴이

그 외에 눈여겨봐야 하는 다른 설정은 운영체제와 애플리케이션 내 서비스에 의해 사용되는 메모리다. 예를 들면, MySQL 서버에서 모든 메모리가 다 사용돼 다른 서비스가 동작하려면 메모리 중 일부를 알아내야 하는데, 이런 일이 발생하지 않음을 보장해야 한다. 이러한 동작으로 인한 스왑swap을 피해야 하며, 스왑으로 인해 동작이 느려질 수 있다.

네트워크 단의 제약

네트워크는 애플리케이션에 접근하기 위해 사용하는 확실한 전송 방법이다. 사물인터넷IoT, Internet of Things이 점점 더 현실로 다가옴에 따라서, 사무실 생산성 향상 툴과 같은 일반적인 데스크톱 애플리케이션도 클라우드로 옮겨가고 있다. 아마 이전의 전형적인 데스크톱 애플리케이션은 더 이상 개발되지 않을 것이다.

클라우드 애플리케이션은 이전의 애플리케이션과 비교해서 다음과 같은 많은 장점을 보유하고 있다.

- 쉬운 개발이 가능. 애플리케이션은 하나 이상의 중앙 포인트를 통해 제어되기 때문에 사용자 대상의 모든 기능에 대해 버그를 수정하거나 새로운 기능을 추가하기가 편리하다.
- 라이선스 강화. 애플리케이션이 사용자 컴퓨터에 설치되지 않으며, 호스트를 제어할 수 있으므로 사용자들의 사용을 제한하거나 서비스 질을 유지하기 위해 차단할 수 있다.
- 적합한 환경. 호스트를 제어하기 때문에 적절한 프로세서를 가지고, 동작하기에 충분한 디스크 공간을 가져야 한다.

이 모든 것들은 매우 좋은 장점이다. 그러면 단점은 없을까? 모든 장점에 대해서는 반대급부로 단점도 따른다. 모든 것이 항상 좋거나 나쁠 수만은 없다. 사용자의 선호도에 따라서 장단점을 다르게 생각할 수 있으며, 이전의 리스트를 보면 그 반대도 가늠해볼 수 있다.

- 서버는 민감한 데이터들을 가지고 있고, 애플리케이션을 사용할 수 있는 유일한

방법을 제공하므로 개발할 때 주의를 기울여야 한다. 구글 메일이 15분 동안 접속되지 않는다면 당신은 기다릴 수 있는가? 적절한 개발을 보장하기 위해서는 데이터가 이중화된 인프라를 갖춰야 한다. 네트워크 풀에서 어느 한 서버가 끊기더라도 재빨리 업데이트하고 다시 사용할 수 있도록 해야 한다.

- 라이선스 강화는 온라인 서비스를 유지해야 하고 다운로드해 사용하는 것을 허용해서는 안 된다는 것을 의미한다. 그리고 애플리케이션을 사용할 때는 과금 시스템billing system의 동작을 보장해야 한다. 이는 일반적인 데스크톱 애플리케이션의 동작과는 상반되므로 일단 한번 결제를 진행하면 그다음에는 라이선스 강화 유지를 잊어버릴 수 있다.

- 애플리케이션은 다양한 환경에서 동작할 수 있음을 미리 고려해야 한다. 모든 브라우저 공급자를 지원하는 것은 쉽지 않다. 사용자들은 애플리케이션이 일반적으로 데스크톱 버전에는 존재하지 않는 모바일 친화적인 대안들을 지원하고 있을 것이라고 가정한다.

애플리케이션을 클라우드로 옮기지 않고 웹 애플리케이션을 데스크톱 애플리케이션으로 변경하는 작업을 수행할 때, (무료와 유료 모두 포함하는) 많은 시장 요청 사항이 발생할 것이다.

지금은 애플리케이션이 클라우드상에서 동작하는 것을 선호한다. 클라우드에서 동작할 때가 데스크톱 애플리케이션일 때보다 더 많은 이점이 따르기 때문이다. 라이선스와 관련된 장점 항목에서 보면 이를 쉽게 이해할 수 있다. 클라우드를 통해 SaaSSoftware as a Service2를 사용할 수 있으므로 전형적인 애플리케이션 형태로 갈 필요는 없다.

클라우드에서는 많은 작업과 난관이 따른다. 사용자는 자신의 도메인을 등록해야 하고, 전용 또는 공유 호스트를 사용하기 위한 비용을 지불하고 나서야 애플리케이션을 개발할 수 있다. 만약 큰 규모의 애플리케이션을 개발해 원하는 목표를 달성하고자 한다면, 더 많은 것들이 필요할지도 모른다. 좋은 품질의 서비스를 제공하기

---

2 일반 사용자를 위한 클라우드 기반의 소프트웨어 - 옮긴이

위한 하드웨어와 네트워크가 필요하고 이를 지원하기 위한 지원 조직, 백업 계획 등이 필요하다.

사용자가 무엇을 선택하든 간에 주의해야 할 제약 사항들이 있다. 하지만 이를 알더라도 아마 반영하기는 어려울 것이다. 다음과 같은 제약 사항들이 있다.

- 반응 동작^{responsiveness}. 사용자가 애플리케이션 인터페이스를 사용해 상호 연동할 때 사용자는 인터페이스를 사용해 클라우드로부터 다운로드하므로 동작이 느려질 수 있다. 이러한 반응 동작의 느려짐은 사용자 컴퓨터에서 인터페이스를 캐싱함으로써 향상될 수 있다. 캐싱의 의미는 사용자가 이전의 인터페이스를 살펴보는 데 있지만, 빠른 사용자 경험치를 제공하기 때문에 동작에 민감하지는 않다. 이러한 동작에 대한 여러 가지 표준들이 존재한다. 예를 들면, HTML 표준의 '오프라인 웹 애플리케이션^{Offline Web Applications}' 섹션을 살펴보면 된다.

- 데이터 접근^{data access}. 사용자가 좀 더 데이터에 특화된 인터페이스^{data-intensive interface}를 사용할 때, 서버가 데이터를 데이터베이스로부터 가져오고 또한 네트워크를 통해 내보내는 작업도 있으므로 인터페이스가 느려질 수 있다. 이를 해결하기 위해 캐시를 사용할 수는 있지만, 인터페이스 캐싱과 데이터 캐싱은 다른 특성을 가지므로 좀 더 주의를 기울여야만 한다. 이전 인터페이스를 사용해서는 1~2시간을 기다릴 수 있지만, 이전 데이터를 사용했을 때는 그렇지 않기 때문이다.

 보안도 중요한 고려 사항이다. 당신의 사용자 데이터에 접근하기 위해 HTTPS를 제공하면 개인정보(privacy) 측면에서 더 안심할 수 있다.

이러한 제약 사항들과 별도로, 성능을 낮추는 보안 이슈들이 있다. 예를 들면, 개인정보 보호 차원에서 HTTPS를 선택하는 경우다. HTTPS는 열악한 암호화^{cipher}를 보완해, 안전한 증명서^{certificate}와 적합한 서버 설정을 한다. 달리 말하면, 몇몇 사용자들은 애플리케이션에 접근할 수 없으며, 서버와 클라이언트 간의 데이터 교환이 조금은 느려지게 된다.

만약 서버에서 약속하지 않은 최종 사용자에게 데이터를 전달해야 한다면 HTTPS
가 필요하다. 하지만 실제로는 이것만으로 충분하지 않다. 사용자는 브라우저를 계
속 업데이트해 사용해야 하고, 그 브라우저 설정을 올바르게 해야 하기 때문이다.
최근 SSL과 관련해 많은 취약점들이 발견됐으며, 브라우저를 업데이트함으로써 해
결할 수 있었다.

네트워킹은 원래 보안을 전제로 설계되지는 않았다. 이는 모든 사람들이 좋은 의도
를 가진다고 가정한 상태에서 설계됐다. 비록 잘못 동작된다고 해도 말이다. 사용자
가 공공 장소(커피숍, 쇼핑몰, 공항)에서 애플리케이션에 접근하고자 할 때는 개인정
보 보호에 취약할 수 있다. 공격자는 네트워크 트래픽을 훔쳐볼 수 있고, 오픈된 세
션을 통해 암호를 찾으려고 노력하며, 암호가 외부로 노출될 수 있다.

보안 연결을 지원하는 것은 중요하지만, 이로 인해 성능이 떨어지고 서버가 지원
하는 사용자 수가 줄어들 수 있다. 이는 보안에 대한 대가로 볼 수 있다. 그런데
HTTPS가 항상 느려질까? http://www.httpvshttps.com/을 한번 확인해보자.

또한 데이터베이스를 제외하면 안 된다. 기본 암호만을 가져서는 안 되며, 애플리케
이션에 필요한 사람만 접근할 수 있도록 해야 한다(인터넷의 모든 사람들이 접근해서는
안 된다).

보안은 여기서 끝나지 않는다. 애플리케이션이 네트워크상에서 알려지면, 공격의
희생양이 될 수 있다. 방화벽firewall 뒤에 서버를 둬야 하고, 사용자가 필요한 포트로
트래픽이 재전달되도록 해야 한다(HTTP와 HTTPS처럼). 그리고 DoSDenial of Service 공
격을 잊어서는 안 된다. 네트워크를 통해 공격하는 공격자는 애플리케이션의 동작
을 매우 바쁘게 해서 실제로 사용해야 하는 사람들이 접근해 사용하지 못하게 만든
다. 이러한 공격으로 인해 성능이 매우 나빠지고, 그 공격을 방어하기도 어렵다.

예를 들면, 깃허브GitHub는 2015년 중국으로부터 공격을 받았다. 이 공격은 며칠 동
안 계속됐으며, 방어가 불가능해 트래픽 방향을 전환해 완화mitigate했다. 일부 사용
자는 이 전환으로 인한 영향을 많이 받았다. 애플리케이션의 크기가 커지면서 애플
리케이션을 공격하려는 많은 공격자는 애플리케이션이 가지고 있는 정부에 많은

관심을 가지게 되고, 이러한 정보를 사용해 다른 사람들이 애플리케이션에 접근하지 못하도록 만들 수 있다.

클라이언트 단의 제약 사항

클라이언트 단도 제약 사항을 가지고 있다. 클라이언트에서도 운영체제를 사용할 수 있으며, 그 운영체제에 대해서는 잘 알지 못할 수도 있다. 이는 브라우저와 설치된 애플리케이션에도 해당되며, 심지어 위치 관련 정보도 마찬가지다.

 브라우저에 의해 전송되는 사용자 에이전트를 믿어서는 안 된다. 또한 사용자 에이전트로부터의 어떤 정보도 그냥 사용하면 안 된다. 그 정보가 어떤 문제가 될 수 있다. 노트북으로 최신 노키아 폰을 쉽게 복제할 수 있으며, 이를 위해서는 해킹이 필요하지도 않다.

따라서 모든 개발자가 일반적으로 지켜야 할 사항은 바로 클라이언트를 믿지 않는 것이다. 이를 나쁜 측면으로 말하고 싶지는 않다. 그렇지만 사용자는 자신의 정보에 대한 확신을 가지고 있어야만 한다. 그러면, 예를 들어 인터페이스를 다양한 형태로 검증하고 사용자에게 제공하기 전에 유효한지 검증했다고 확신할 수 있을까? 물론 그렇지 않다. 클라이언트에 대해서는 확신을 가지면 안 된다.

또한 클라이언트와 사용자 간의 링크도 결코 믿으면 안 된다. 서버 쪽에서 정보를 역으로 검증해야 한다. 가능하다면, Node.js를 사용해 양쪽에서 검증할 수 있는 동일한 코드를 사용하고 코드가 중복되지 않도록 한다. 예를 들면 웹 뷰web view에서 폼form을 검증하는 코드를 사용할 수 있으며, 그 코드가 서버에서도 사용될 수 있다. Node.js가 자바스크립트임을 잊지 않도록 한다. 만약 복잡한 코드 또는 모듈을 사용한다면, browserify(http://browserify.org/)를 검토해본다.

폼 검증은 서버와 클라이언트 단에서 성능을 고려해 이뤄질 수 있으며, 실제로는 일반적인 에러를 피한다. 클라이언트 단에서 모든 것을 검증할 수는 없다. 그렇지만 적어도 통화currency 필드가 숫자인지(텍스트는 아닌지)를 체크할 수 있으며, 모든 필요

필드가 적합한 값을 가지는지 확인할 수 있다. 이러한 체크를 통해 서버로 전달되고 나면 서버 에러로 인해 다시 되돌리는 경우를 줄일 수 있다.

애플리케이션에 대한 제약 사항과 별도로, 외부의 제어할 수 없는 제약 사항들이 있다. 사용자는 당신을 원망하겠지만, 대부분 애플리케이션 잘못은 아니다. 셀룰러 네트워크와 클라이언트가 가끔 연결되는 것에 대한 대처 방안은 준비했는가? 3G는 이미 충분히 안정적이므로, 이를 의미하는 것은 아니다. 나는 GPRS 연결을 의미한다.

내가 고등학교 때부터 사용한 TI-83[3]과 비슷한 모양을 가지는 300픽셀 이하의 와이드 스크린을 가지는 셀룰러폰에 대해 완벽한 애플리케이션을 가지고 있는가? 매우 큰 스크린과 넷북보다 더 강력한 프로세서 파워를 가지는 최신 셀룰러폰을 모두가 사용함을 예상하고 있는가? 이제는 이러한 경우의 성능에 대해서도 신경 써야 한다.

큰 애플리케이션은 렌더링 인터페이스를 변경해 사양이 낮은 셀룰러폰에서도 돌아갈 수 있다. 사양이 낮고 가격이 저렴한 프로세서는 당신의 애플리케이션에서 모든 자바스크립트를 동작시키고 모든 엘리먼트를 렌더링하는 데 너무 많은 시간이 걸릴 수 있다. 따라서 스크린의 크기와 타입에 맞춰 완전히 다른 인터페이스를 가지고, 작은 차이점에 대해서는 적응형 인터페이스를 사용하도록 하는 것이 낫다.

사용자는 실제로는 각기 다른 방법으로 애플리케이션를 사용하기 때문에 다른 인터페이스를 가진다. 셀룰러폰을 손가락으로 사용할 수 있지만, 태블릿이나 노트북 같은 경우에는 두 개의 손가락을 사용하기도 한다. 사용자의 눈과 스크린 간의 거리도 각기 다르며, 해상도도 다르다.

이런 차이점을 고려하고 가능한 한 최적의 성능을 내야 하기 때문에 좀 더 간단한 인터페이스를 사용해야 한다. 따라서 예를 들면 셀룰러폰에서 클러터clutter[4] 같은 사용자가 필요하지 않은 정보들은 가능하면 제거해야 한다. 중요한 동작들만을 유지해야 하며, 가능하면 성능 향상을 위해 필요한 인터페이스는 캐싱하도록 한다. 진행

---

3 텍사스 인스트루먼트의 와이드 스크린을 가지는 전자 계산기 - 옮긴이
4 반사돼 수신되는 원지 잃은 신호 - 옮긴이

되는 것에 대한 어떠한 정보도 없이 까만 화면으로만 나오기보다는 무언가가 돌아간다는 것을 보여주는 편이 더 낫다.

최근에는 웹 분야에서 사용자들의 선택 권한이 많아졌고, 이에 따라 다른 시스템과 다른 웹 브라우저를 가지는 여러 가지 타입의 디바이스들을 사용할 수 있다. 이는 사용자에게는 좋겠지만, 개발자들에게는 최악이다. 이러한 단편화 현상으로 인해 애플리케이션이 모든 시장이 목표가 아니라 일부 타깃에 대해서만 개발된다.

이제는 애플리케이션의 메인 타깃에 대해서만 집중할 필요가 있으며, 이를 대상으로 하는 최적의 인터페이스를 개발해야 한다. 그리고 나서는 좀 더 작은 화면을 가지는 셀룰러폰과 시계 같은 다른 환경으로 옮겨가면 된다. 애플리케이션을 모든 화면에서 반드시 동작하도록 만들 필요는 없으며, 그것이 최선도 아니다.

몇 년 전에는 애플리케이션들을 스크린의 모든 크기에 적용해봤고, 실제로 그중 일부는 제대로 동작하지 못했다. 일반적으로 사람들은 각자 다른 목적을 가지는 다른 디바이스를 사용한다. 예를 들면, 어떤 사람은 셀룰러폰에서 작업 리스트를 사용하길 원하지 않아도, 항상 리스트가 체크되고 완료됐는지 확인해야 한다. 따라서 과도한 정보는 피하고 인터랙션이 느려지는 위험은 제거해 사용자 경험이 나빠지는 것을 막아야 한다. 그러면 사용자가 원하는 것을 정확히 수행할 수 있는 작은 애플리케이션도 충분히 제공할 수 있다.

브라우저 제약 사항

브라우저 공급자들은 많은 개발자들이 사용하기 편하게끔 노력을 기울여왔다. 수년 전에는 다양한 브라우저를 지원하기 위해 웹 애플리케이션을 개발했으므로 그 과정이 매우 힘들었다. 따라서 그중 한두 개만 우선적으로 집중 개발했다. 더 많이 지원하고자 할 경우에는 코드가 더 많이 복잡해졌고 그럼에도 성능을 보장해야 했다. 그래서 보통 애플리케이션은 새로운 브라우저 버전이 나오면 좀 더 느려지는 경향이 있었다.

이제는 오직 한 개의 브라우저만을 대상으로 애플리케이션을 개발해도 된다. 모든 경우가 다 해당되는 것은 아니지만 사용하는 DOM 추상화에 의존성을 가지며,

jQuery가 DOM에 대한 예다.[5] 대부분의 애플리케이션은 다른 브라우저에서도 잘 동작한다. 많은 발전을 통해 이제는 거의 모든 브라우저에서 애플리케이션이 부드럽게 잘 동작한다.

날짜date에 대해 추상화 계층abstraction layer을 적용해 불필요한 코드와 코드 동작이 느려지는 것을 방지한다. 브라우저는 매우 자주 새로운 버전을 배포하며 추상화 계층에서 활용할 새로운 개발자 인터페이스를 제공한다.

Test runner		
Done. Ready to run again.		Run again
Testing in Chrome 43.0.2357.124 on OS X 10.10.3		
	Test	Ops/sec
jQuery 1.3.2	tests($jq132);	21,947 ±3.11% 77% slower
jQuery 1.4.x	tests($jq14);	28,068 ±2.51% 70% slower
jQuery 1.6.x	tests($jq16);	61,020 ±2.86% 35% slower
jQuery 1.8.3	tests($jq183);	65,470 ±1.89% 30% slower
jQuery 1.9.1	tests($jq191);	70,215 ±2.31% 25% slower
jQuery 1.10.1	tests($jq1101);	91,629 ±2.85% fastest
jQuery 2.1.0	tests($jq210);	94,035 ±3.02% fastest
JQuery 1.7.2	tests($jq172);	61,212 ±1.94% 34% slower

위의 스크린샷은 jQuery에 대한 jsperf 테스트 화면이다. 이 버전은 실제로는 가장 최신 버전이 아니지만, 그리 문제가 되지는 않는다. 보다시피, 새 버전이 항상 좋은 것은 아니며 항상 맞는 것도 아니다. 이 예제에서는 가장 오래된 버전이 가장 새 버전보다 77퍼센트만큼 더 안 좋을 수 있음을 보여준다.

---

5 jQuery에서는 DOM 트리에 접근해 노드의 내용을 가져오거나 내용을 변경할 수 있고, 동적으로 노드를 추가하거나 삭제할 수 있다. DOM은 Document Object Model의 줄임말이다. – 옮긴이

성능 변수

성능은 당신의 요구 사항에 맞춰 조정할 수 있는 선택 사항들과 변수들의 조합으로 볼 수 있다. 여기서는 고려해야 할 몇 가지 변수들을 소개한다.

- 가장 좋은 또는 두 번째로 좋은 플랫폼을 선택한다. 최고의 플랫폼이 반드시 당신에게도 최고는 아님을 기억해야 한다.
- 데이터 구조 $^{data\ structure}$ 를 정의하고, 데이터베이스 서버를 선택한다. 빠르게 증가하는 데이터에 대해 어떻게 반응할지 계획한다.
- 애플리케이션 모듈을 어떻게 만들지 계획하고, 각 모듈에 대해 테스트하는 것을 잊지 않는다. 새로운 개발자가 프로그래밍을 더 빨리 할 수 있도록 개발 환경을 복제해둔다.
- 타깃 환경을 선택하고 개발을 시작한다. 각 디바이스와 브라우저별로 개발을 시작하지는 않는다.

요약

애플리케이션의 성능 향상을 위해 살펴봐야 할 것이 코드와 데이터베이스로 한정되지는 않는다. 이들은 애플리케이션 성능 최적화를 위한 경로 중 주의해야 할 일부 항목일 뿐이다. 코드와 데이터베이스는 성능에 영향을 미치는 애플리케이션의 외부 요소들이며 다른 항목들도 마찬가지다.

잊지 말아야 할 가장 중요한 규칙은 지금까지 살펴본 여러 단계들을 실제로 계획해야 한다는 점이다. 지금까지 살펴본 내용에 대해 생각해보지도 않고 개발을 무조건 시작해서는 안 된다. 잘못 선택하게 되면, 나중에 다시 수정하게 될 때 더 힘들어진다. 그리고 대강 수정하는 것보다는 1시간 동안 깊이 생각해보는 것이 더 중요하다. 이렇게 생각을 많이 하고 개발하게 되면, 그 생각의 결과가 실제로 성능 중 일부로 반영돼 고성능을 달성할 수 있다.

찾아보기

에이콘출판의 기틀을 마련하신 故 정완재 선생님 (1935-2004)

Node.js 하이 퍼포먼스

성능 분석부터 병목 현상 제거 및 성능 저하 회피까지

인 쇄 | 2016년 12월 15일
발 행 | 2017년 1월 2일

지은이 | 디오고 리센데
옮긴이 | 테크 트랜스 그룹 T4

펴낸이 | 권 성 준
편집장 | 황 영 주
편 집 | 나 수 지
디자인 | 이 승 미

에이콘출판주식회사
서울특별시 양천구 국회대로 287 (목동 802-7) 2층 (07967)
전화 02-2653-7600, 팩스 02-2653-0433
www.acornpub.co.kr / editor@acornpub.co.kr

이 도서의 국립중앙도서관 출판시도서목록(CIP)은 서지정보유통지원시스템 홈페이지(http://seoji.nl.go.kr)와
국가자료공동목록시스템(http://www.nl.go.kr/kolisnet)에서 이용하실 수 있습니다.(CIP제어번호: CIP2016030533)

책값은 뒤표지에 있습니다.